ESTHER KONRAD

Häkeln

SO BUNT WIE DIE NATUR

BLUMEN UND BLUMENSTRÄUSSE EINFACH SELBST GEMACHT

Blumen begeistern die Menschen, egal in welchem Alter. Sie grüßen uns farbenfroh aus Beeten, von Fensterbänken, aus Blumenvasen und aus Kränzen und so manch hübscher Frisur. Ihr Anblick macht gute Laune. Die Natur lächelt uns an und wir lächeln gerne zurück.

Aber wie traurig ist es, wenn die bunte Pracht nach ein paar Tagen wieder vorbei ist und uns welke Köpfe entgegenblicken? Die gute Laune kann einem da doch ein bisschen getrübt werden.

Mit den Blumen in diesem Buch kann das nicht mehr passieren. Sie sind die ganzjahrestaugliche Lösung für jeden Blumenfan, der hin und wieder das Gießen vergisst. Die gehäkelten Blumen aus diesem Buch überstehen so manche Trockenzeit und sehen immer noch genauso schön aus, wie am ersten Tag. Ob in den Farben der Natur, ganz frei in den Lieblingsfarben, passend zur heimischen Einrichtung oder vielleicht als Accessoire zum Outfit. Der Kreativität sind keine Grenzen gesetzt.

Im ersten Kapitel dieses Buches warten 16 unterschiedliche Blumen darauf nachgehäkelt zu werden. Ob Rose, Lavendel, Maiglöckchen, Tulpe oder Margerite – die richtige Blume findet sich ganz bestimmt. Im anschließenden Kapitel „Deko-Liebe" sind sechs unterschiedliche Anwendungsbeispiele versammelt, was sich alles aus diesen Blumen zaubern lässt. Aber auch hier heißt es: Schön ist, was gefällt und die eigene Imagination hergibt. Auch bei gehäkelten Blumen gilt wie bei ihren Vorbildern aus der Natur: Die schönsten Kompositionen sind die selbst kreierten.

Viel Spaß beim Nachhäkeln!

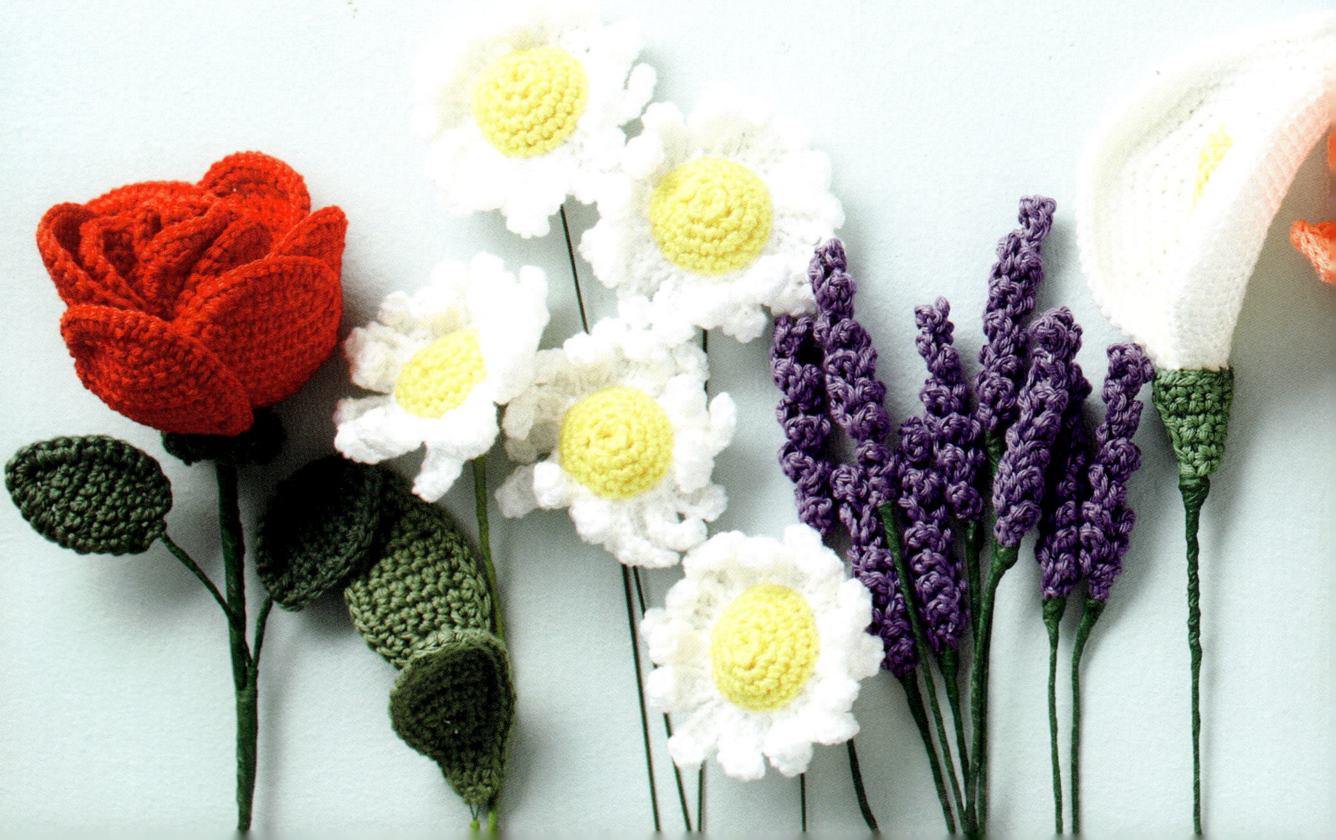

Blumen sind das Lächeln der Erde. Es geht ohne sie, aber nicht so gut.

Max Reger

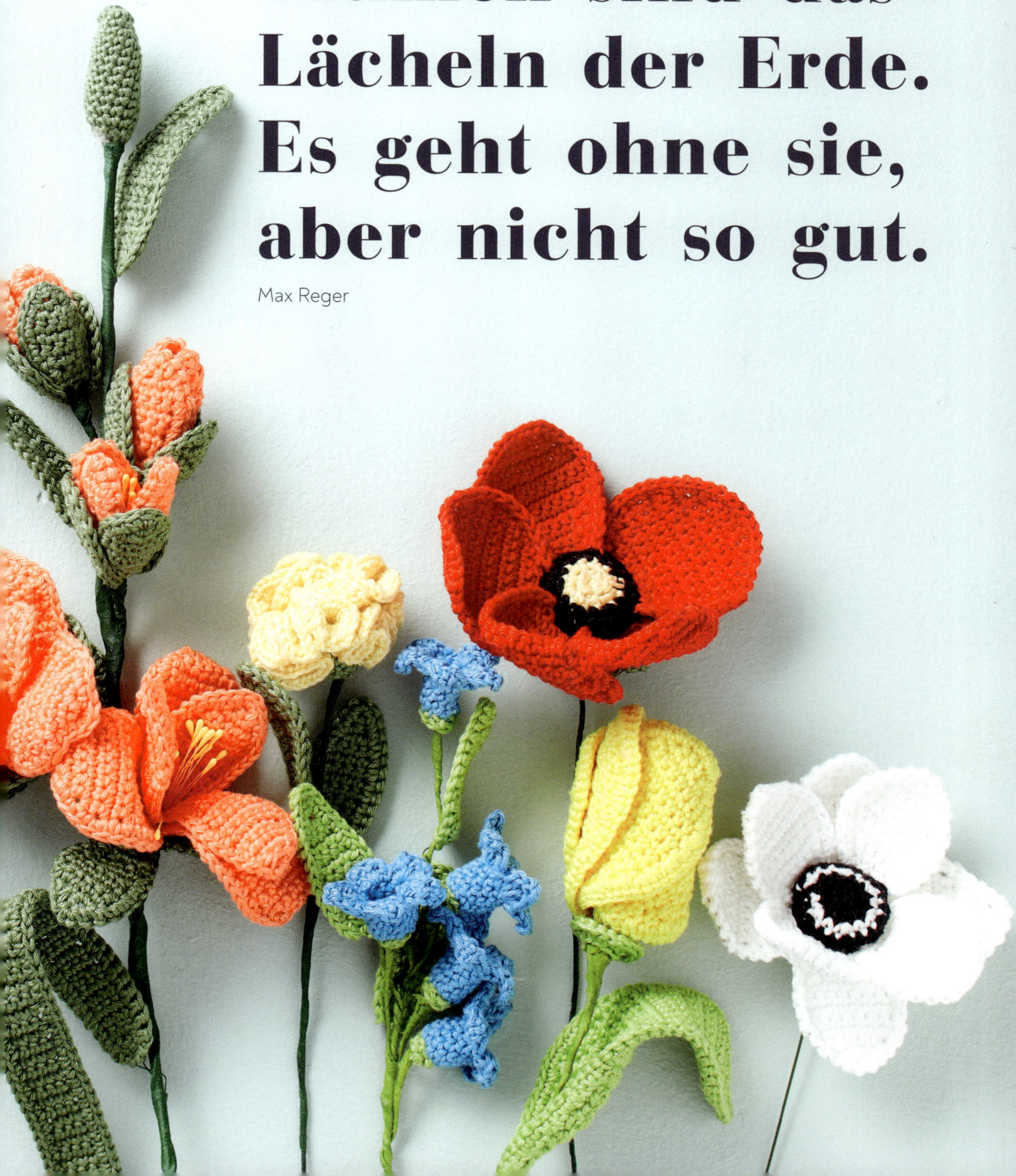

Blüten & Blumen

Deko-Liebe

Grundanleitung

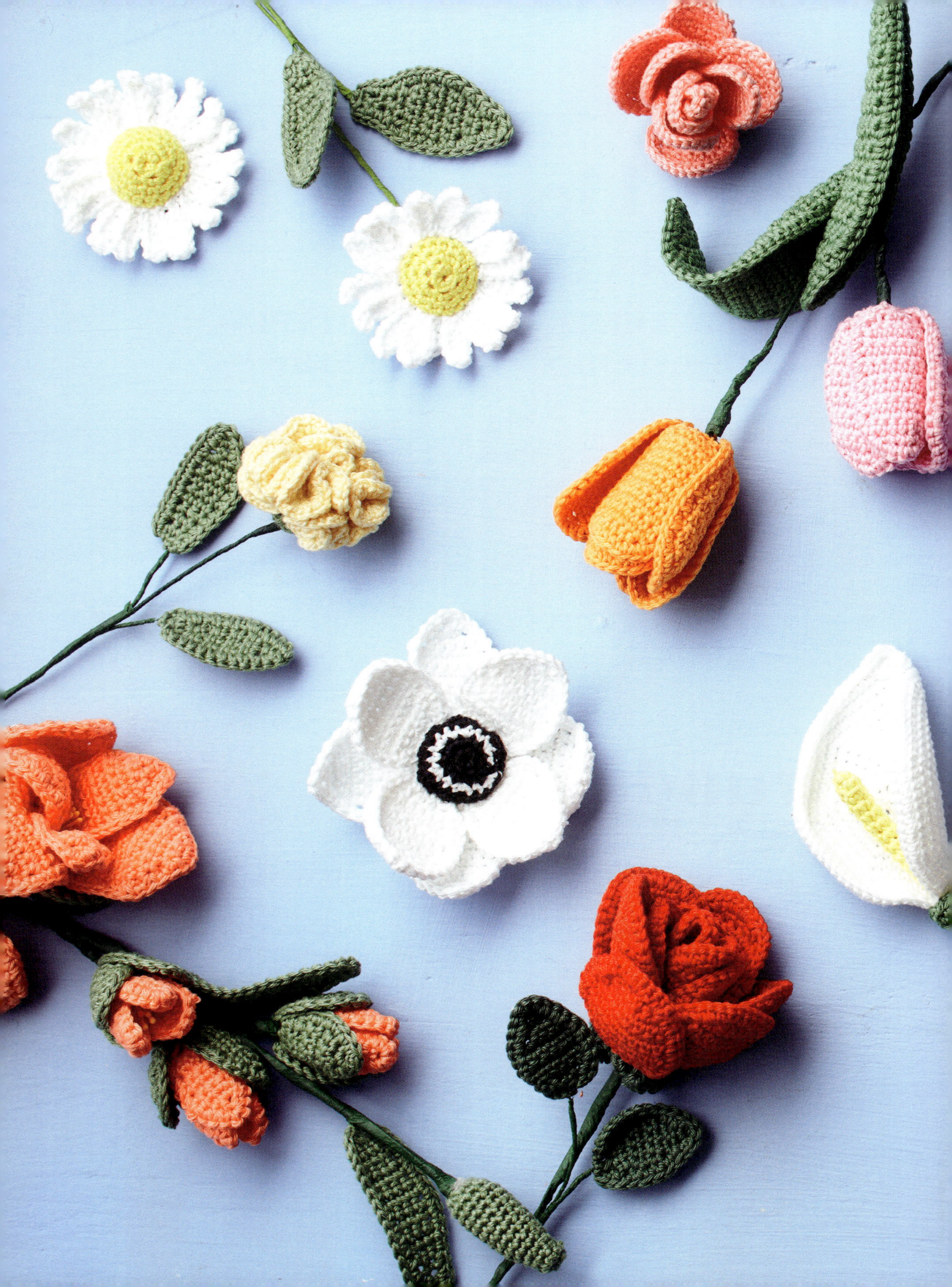

BLÜTEN & BLUMEN

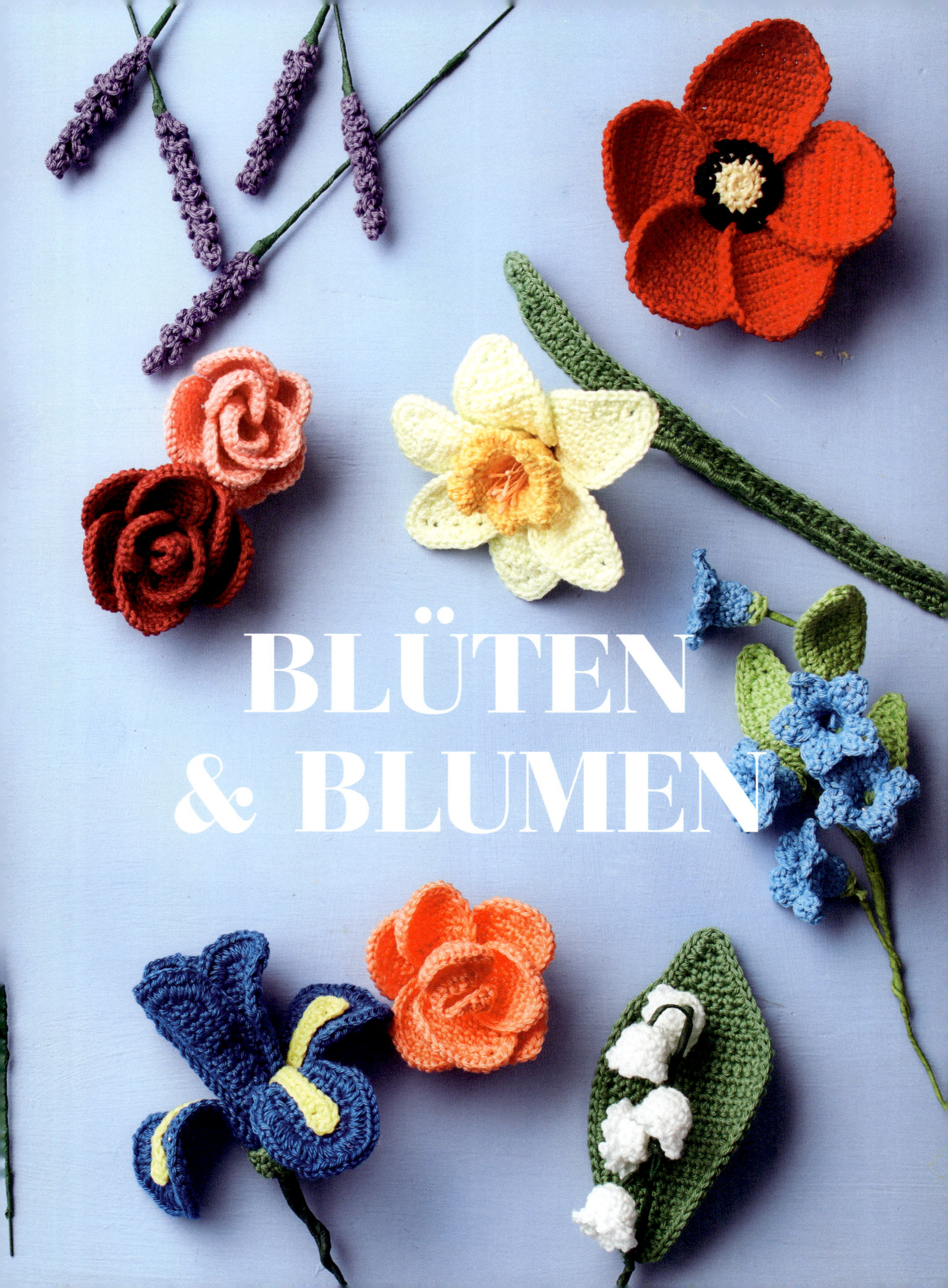

Rose

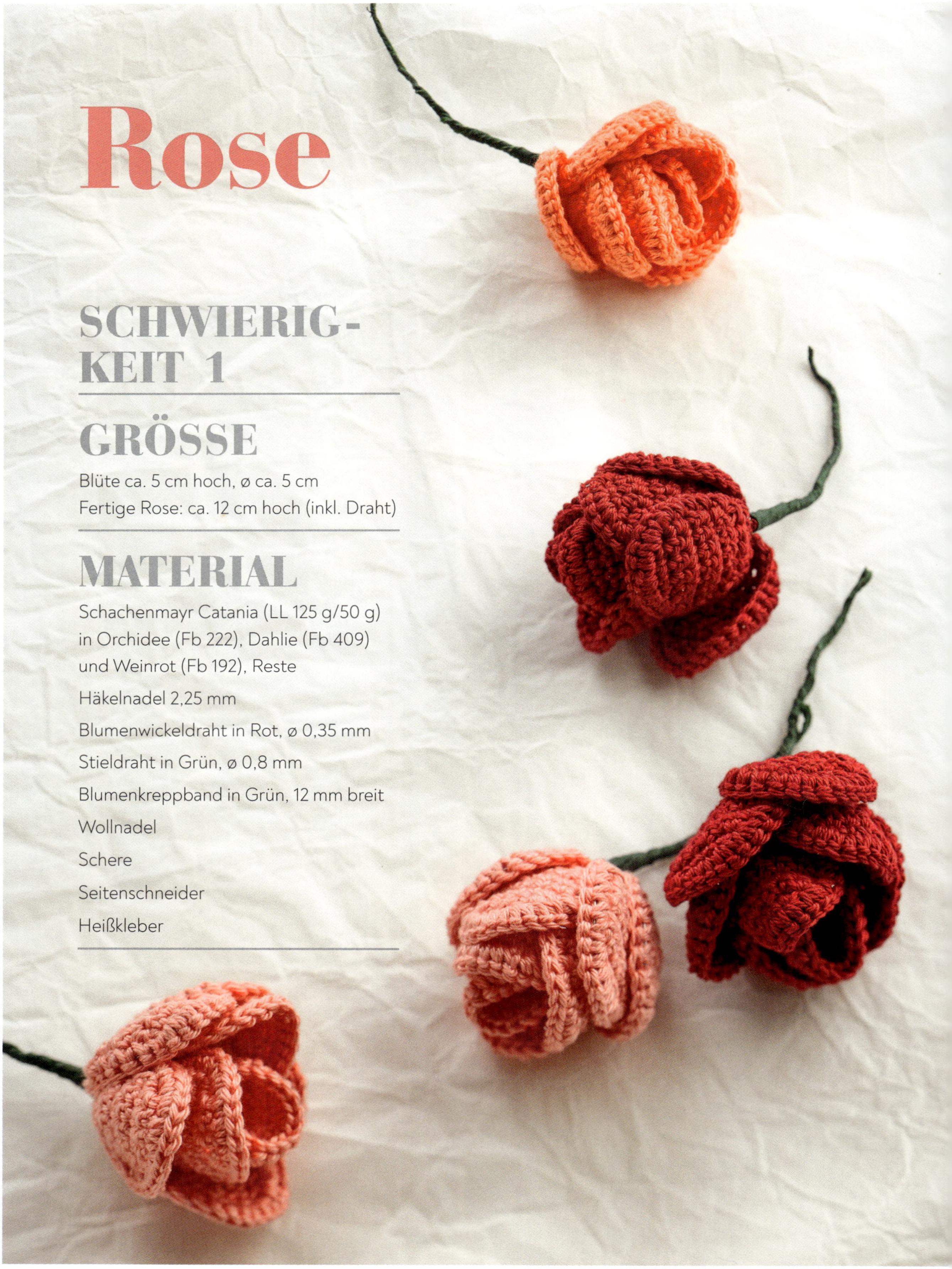

SCHWIERIG-KEIT 1

GRÖSSE

Blüte ca. 5 cm hoch, ø ca. 5 cm
Fertige Rose: ca. 12 cm hoch (inkl. Draht)

MATERIAL

Schachenmayr Catania (LL 125 g/50 g) in Orchidee (Fb 222), Dahlie (Fb 409) und Weinrot (Fb 192), Reste

Häkelnadel 2,25 mm

Blumenwickeldraht in Rot, ø 0,35 mm

Stieldraht in Grün, ø 0,8 mm

Blumenkreppband in Grün, 12 mm breit

Wollnadel

Schere

Seitenschneider

Heißkleber

ANLEITUNG

Blütenblatt (9x)
Die Blütenblätter mit fM in R häkeln. Jede R beginnt mit 1 Wende-Lm.
Mit Häkelnd 2,25 mm in Orchidee, Dahlie oder Weinrot 3 Lm und 1 Wende-Lm anschl.
1. R: Die 1. und die letzte fM verdoppeln (= 5 M).
2. R: Die 1. und die letzte fM verdoppeln (= 7 M).
3.-5. R: Jeweils 7 fM häkeln.
6. R: Die ersten und die letzten 2 fM zusammen abmaschen (= 5 M).
7. R: Die ersten und die letzten 2 fM zusammen abmaschen (= 3 M).
8. R: Die letzten 3 fM zusammen abmaschen.
Nun ein ca. 15-20 cm langes Stück Blumenwickeldraht in Rot an den äußeren Rand des Blütenblatts legen. Das Blütenblatt mit fM umhäkeln, dabei den Draht mit umhäkeln und in die beiden äußeren M der Spitze des Blütenblatts jeweils 2 fM häkeln.
Ist das Blütenblatt fertig umhäkelt, den Faden ca. 10 cm lang abschneiden. Die beiden Drahtenden miteinander verdrehen und mit dem Seitenschneider ca. 5 cm lang abknipsen. Anschließend den Faden mit der Wollnadel vernähen und abschneiden.

Fertigstellen
Das erste Blütenblatt von einer Seite her einrollen. Nun um dieses mittlere Blütenblatt herum versetzt die anderen Blütenblätter anlegen und alle Drahtenden miteinander verdrehen.
Anschließend ein Stück Stieldraht an der Rose anlegen und mit den Drahtenden der Blütenblätter verdrehen. Falls das zu locker ist, kann der Stieldraht auch mit Heißkleber befestigt werden. Zuletzt den gesamten Stiel bis zu den Blütenblättern dicht mit Blumenkreppband umwickeln.

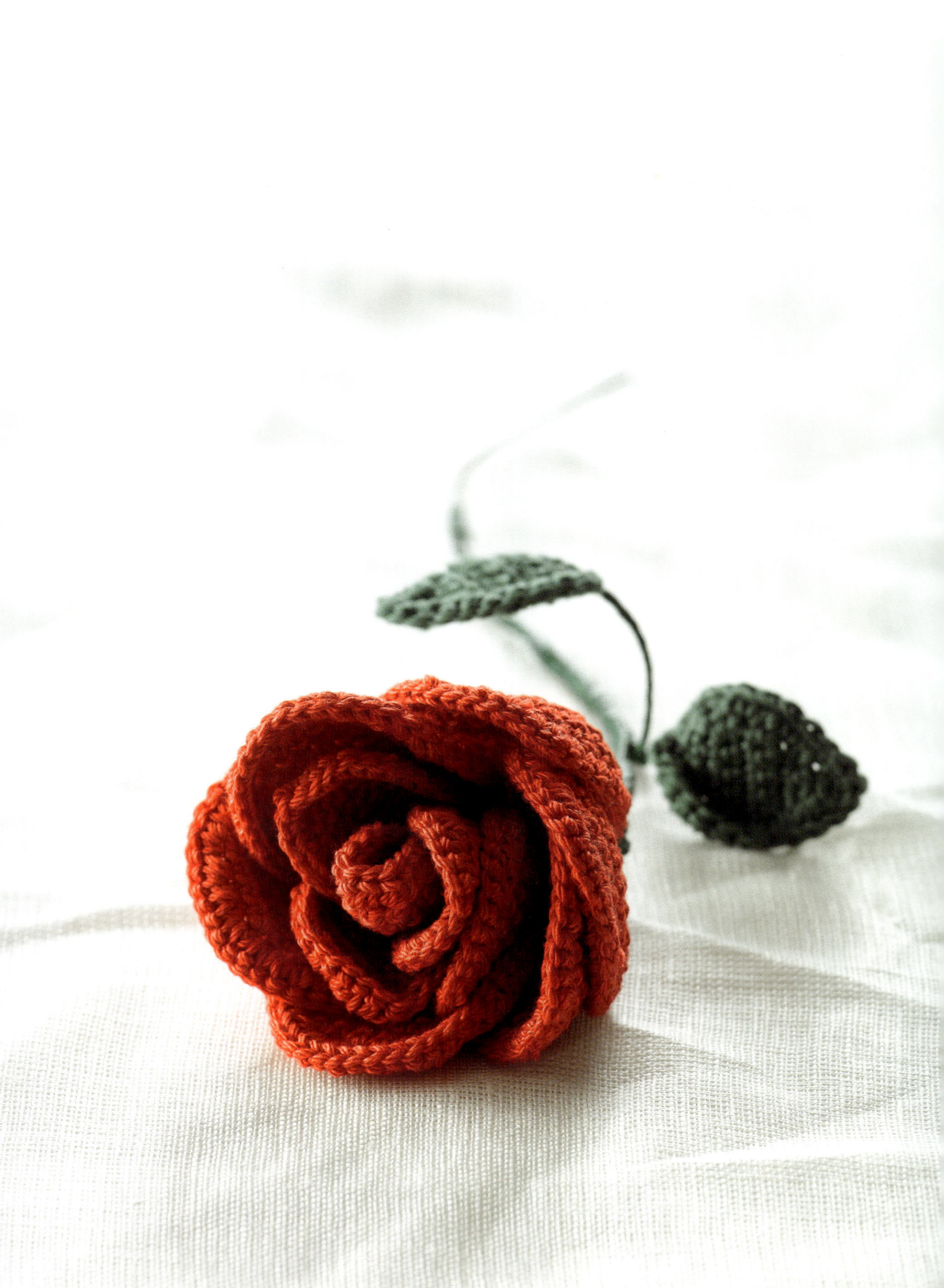

Edelrose

SCHWIERIGKEIT 2

GRÖSSE

Blüte: ca. 7 cm hoch, ø ca. 7 cm
Blatt: ca. 4 cm lang, 3 cm breit
Fertige Edelrose: ca. 28 cm hoch (inkl. Draht)

MATERIAL

Schachenmayr Catania (LL 125 g/50 g) in Signalrot (Fb 115) und Tannenbaum (Fb 419), Reste

Häkelnadel 2,25 mm

Blumenwickeldraht in Rot und Grün, ø 0,35 mm

Stieldraht, ø 0,8 mm

Blumenkreppband in Grün, 12 mm breit

Wollnadel

Schere

Seitenschneider

Heißkleber

ANLEITUNG

Großes Blütenblatt (6x)

Die Blütenblätter mit fM in R häkeln. Jede R beginnt mit 1 Wende-Lm.

Mit Häkelnd 2,25 mm in Signalrot 4 Lm und 1 Wende-Lm anschl.

1. R: Die 1. und die letzte fM verdoppeln (= 6 M).

2. R: Die 1. und die letzte fM verdoppeln (= 8 M).

3. R: Die 1. und die letzte fM verdoppeln (= 10 M).

4.-8. R: Jeweils 10 fM häkeln

9. R: Die ersten und die letzten 2 fM zusammen abmaschen (= 8 M).

10. R: Die ersten M und die letzten 2 fM zusammen abmaschen (= 6 M).

11. R: Die ersten und die letzten 2 fM zusammen abmaschen (= 4 M).

12. R: Die ersten und die letzten 2 fM zusammen abmaschen (= 2 M).

Ein ca. 20 cm langes Stück Blumenwickeldraht in Rot an den äußeren Rand des Blütenblatts legen. 1 Wende-Lm häkeln und dann das Blütenblatt mit fM in Signalrot umhäkeln, dabei den Draht mit umhäkeln und in die beiden äußeren M der Spitze des Blütenblatts jeweils 2 fM häkeln.

Ist das Blütenblatt fertig umhäkelt, den Faden ca. 10 cm lang abschneiden. Die beiden Drahtenden miteinander verdrehen und mit dem Seitenschneider ca. 5-7 cm lang abknipsen.
Nun den Faden mit der Wollnadel vernähen und abschneiden.

Kleines Blütenblatt (5x)

Die Blütenblätter mit fM in R häkeln. Jede R beginnt mit 1 Wende-Lm.
Mit Häkelnd 2,25 mm in Signalrot 3 Lm und 1 Wende-Lm anschl.
1. R: Die 1. und die letzte fM verdoppeln (= 5 M).
2. R: Die 1. und die letzte fM verdoppeln (= 7 M).
3.-6. R: Jeweils 7 fM häkeln.
7. R: Die ersten und die letzten 2 fM zusammen abmaschen (= 5 M).
8. R: Die ersten und die letzten 2 fM zusammen abmaschen (= 3 M).
9. R: Die übrigen 3 fM zusammen abmaschen (= 1 M).
Ein ca. 15 cm langes Stück Blumenwickeldraht in Rot an den äußeren Rand des Blütenblatts legen. 1 Wende-Lm häkeln und dann das Blütenblatt mit fM in Signalrot umhäkeln, dabei den Draht mit umhäkeln und in die beiden äußeren M der Spitze des Blütenblatts jeweils 2 fM häkeln.
Ist das Blatt fertig umhäkelt, den Faden ca. 10 cm lang abschneiden. Die beiden Drahtenden miteinander verdrehen und mit dem Seitenschneider ca. 5-7 cm lang abknipsen.
Nun noch den Faden mit der Wollnadel vernähen und abschneiden.

Zusammenfügen der Rose

Das erste kleine Blütenblatt von einer Seite her einrollen. Dann nacheinander die restlichen kleinen Blütenblätter versetzt darum herum anlegen. Zum Schluss die großen Blütenblätter ebenso versetzt um die kleinen Blütenblätter anlegen. Alle Drahtenden verdrehen.

Blatt (2x)

Die Blätter mit fM in R häkeln. Jede R beginnt mit 1 Wende-Lm.
Mit Häkelnd 2,25 mm in Tannenbaum 2 Lm anschl.
1. R: In die 2. Lm von der Häkelnd aus 2 fM häkeln (= 2 M).
2. R: 2 fM häkeln.
3. R: Jede fM verdoppeln (= 4 M).
4. R: Die 1. und die letzte fM verdoppeln (= 6 M).
5.-7. R: Jeweils 6 fM häkeln.
8. R: Die ersten und die letzten 2 fM zusammen abmaschen (= 4 M).
9. R: Immer 2 fM zusammen abmaschen (= 2 M).
Nun auch beim Blatt ein Stück Blumenwickeldraht einarbeiten. Dafür ein ca. 20 cm langes Stück Blumenwickeldraht in Grün an den äußeren Rand des Blatts legen. Das Blatt mit fM in Tannenbaum umhäkeln, dabei den Draht mit umhäkeln und in die Spitze des Blatts 3 fM häkeln.
Ist das Blatt fertig umhäkelt, den Faden ca. 10 cm lang abschneiden. Die Drahtenden miteinander verdrehen und mit dem Seitenschneider ca. 5 cm lang abknipsen. Nun den Faden mit der Wollnadel vernähen.

Blattkranz für den Blütenboden

Mit Häkelnd 2,25 mm in Tannenbaum 7 Lm anschl und mit einer Km zum Ring schließen.

1. Rd: * 4 Lm und 1 Wende-Lm häkeln, in die 2. Lm von der Häkelnd aus 1 fM, in die nächsten 3 Lm jeweils 1 hStb, in die folgende Lm des Rings 1 Km, ab * wdh, bis der Lm-Ring komplett behäkelt ist.

Fertigstellen

Ein Stück Stieldraht an der Rose anlegen und mit den Drahtenden der Blütenblätter verdrehen. Den Stieldraht zusätzlich mit Kleber oder noch besser Heißkleber am Blütenboden festkleben. Ebenso je ein Stück Stieldraht an den Blättern anlegen, den Stieldraht jeweils mit den Drahtenden des Blatts verdrehen und festkleben.

Die Drahtenden der Blütenblätter und der Blätter jeweils mit Blumenkreppband in Grün umwickeln.

Den Stieldraht der Rose innen in den Blattkranz stecken und den Blattkranz bis zum Blütenboden hochschieben.

Ist der Heißkleber fest, alle Stieldrähte jeweils dicht mit Blumenkreppband umwickeln.

Als nächstes die Stiele der Blätter am Stiel der Rose anlegen und ab der gewünschten Höhe alle Stiele zusammen dicht mit Blumenkreppband umwickeln.

Zum Schluss kann man nun noch die Blütenblätter etwas in Form biegen, was durch die Drahteinlage wunderbar klappt.

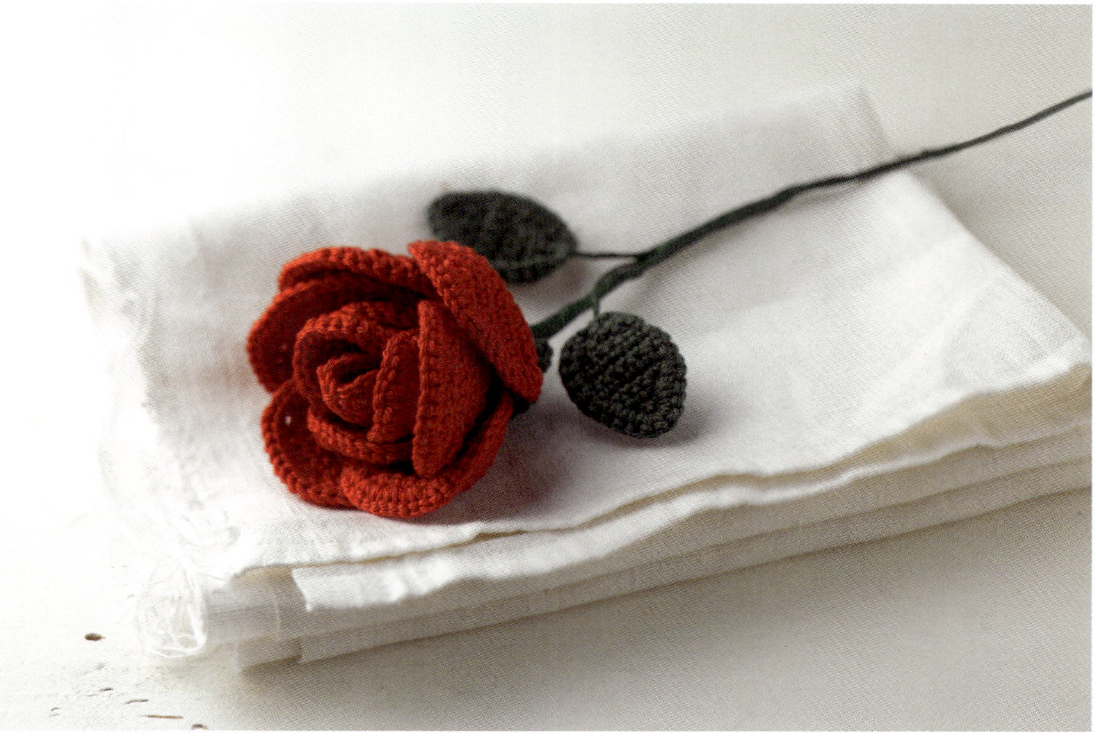

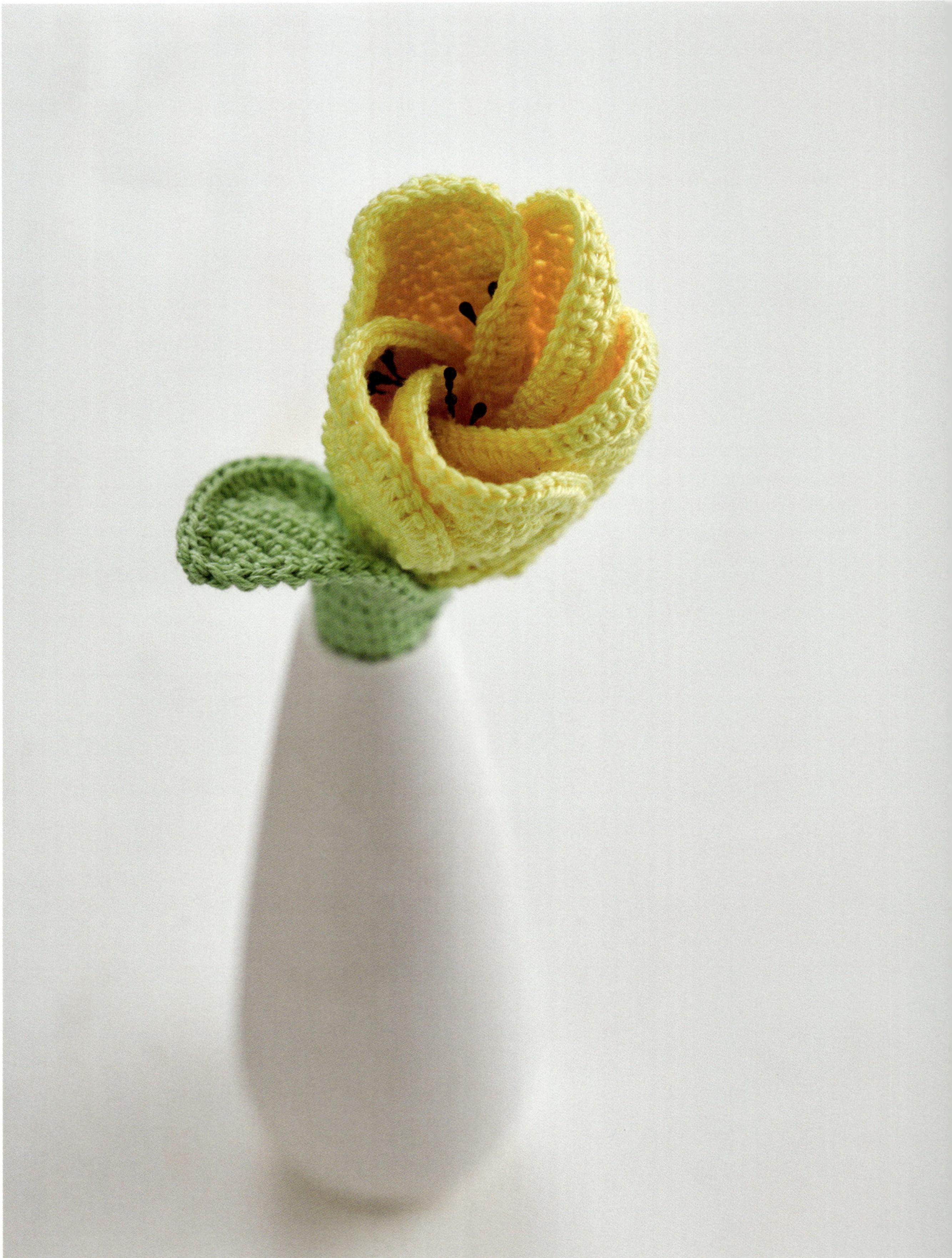

Tulpe

SCHWIERIG-KEIT 1

GRÖSSE

Blüte: ca. 8 cm hoch, ø ca. 5 cm (geschlossen)
Blatt: ca. 12 cm lang, 4 cm breit
Fertige Tulpe: ca. 25 cm hoch (inkl. Draht)

MATERIAL

Schachenmayr Catania (LL 125 g/50 g) in Löwenzahn (Fb 280) und Greenery (Fb 418), Reste

Häkelnadel 2,25 mm

Blumenwickeldraht in Gold und Grün, ø 0,35 mm

Stieldraht in Grün, ø 0,8 mm

Blumenkreppband in Grün, 12 mm breit

Staubgefäße in Schwarz

Wollnadel

Schere

Seitenschneider

Klebstoff oder Heißkleber

ANLEITUNG

Blütenblatt (6x)

Die Blütenblätter mit fM in R häkeln. Jede R beginnt mit 1 Wende-Lm.

Mit Häkelnd 2,25 mm in Löwenzahn 4 Lm und 1 Wende-Lm anschl.

1. R: Die 1. und die letzte fM verdoppeln (= 6 M).

2. R: Die 1. und die letzte fM verdoppeln (= 8 M).

3.-11. R: Jeweils 8 fM häkeln.

12. R: Die ersten und die letzten 2 fM zusammen abmaschen (= 6 M).

13. R: Die ersten und die letzten 2 fM zusammen abmaschen (= 4 M).

14. R: Die ersten und die letzten 2 fM zusammen abmaschen (= 2 M).

Nun ein ca. 20 cm langes Stück Blumenwickeldraht in Gold an den äußeren Rand des Blütenblatts legen. Das Blütenblatt mit fM in Löwenzahn umhäkeln, dabei den Draht mit umhäkeln und in die äußeren 2 M der Spitze des Blütenblatts jeweils 2 fM häkeln.

Ist das Blütenblatt fertig umhäkelt, den Faden ca. 10 cm lang abschneiden. Die beiden Drahtenden miteinander verdrehen und mit dem Seitenschneider ca. 5 cm lang abknipsen.

Blatt

Das Blatt mit fM in R häkeln. Jede R beginnt mit 1 Wende-Lm.

Mit Häkelnd 2,25 mm in Greenery 1 Lm und 1 Wende-Lm anschl.

1. R: In die Anfangs-Lm 2 fM häkeln (= 2 M).

2. R: Jede fM verdoppeln (= 4 M).

3. R: 4 fM häkeln.

4. R: Die 1. und die letzte fM verdoppeln (= 6 M).

5. R: 6 fM häkeln.

6. R: Die 1. und die letzte fM verdoppeln (= 8 M).

7.-14. R: Jeweils 8 fM häkeln.

15. R: Die 1. und die letzte fM verdoppeln (= 10 M).

16.-23. R: Jeweils 10 fM häkeln

24. R: Die ersten und die letzten 2 fM zusammen abmaschen (= 8 M).

25.+26. R: Jeweils 8 fM häkeln

27. R: Die ersten und die letzten 2 fM zusammen abmaschen (= 6 M).

28. R: 6 fM häkeln.

29. R: Die ersten und die letzten 2 fM zusammen abmaschen (= 4 M).

30.-33. R: Jeweils 4 fM häkeln.

Nun ein ca. 45 cm langes Stück Blumenwickeldraht in Grün an den äußeren Rand des Blatts legen. Das Blatt mit fM in Greenery umhäkeln, dabei den Draht mit umhäkeln und in die Spitze des Blatts 3 fM häkeln.

Ist das Blatt fertig umhäkelt, den Faden ca. 10 cm lang abschneiden. Die Drahtenden miteinander verdrehen und mit dem Seitenschneider ca. 5 cm lang abknipsen.

Den Faden mit der Wollnadel vernähen und abschneiden.

Fertigstellen

In die Mitte jedes Blütenblatts 3 Staubgefäße legen und mit etwas Kleber fixieren. Dann die Blütenblätter nacheinander und seitlich etwas versetzt zueinander zusammenlegen. Nun die Blütenblätter zur Runde legen (das erste Blütenblatt überlappt dabei das letzte) und auch den Stieldraht mit anlegen. Alle Drahtenden miteinander verdrehen. Ab dem Blütenboden den gesamten Stiel dicht mit Blumenkreppband umwickeln.

Den Draht des Blatts ebenfalls dicht mit Blumenkreppband umwickeln. Dann das Blatt in der gewünschten Höhe an den Stiel der Tulpe anlegen und beide Stiele zusammen dicht mit Blumenkreppband umwickeln.

Narzisse

SCHWIERIGKEIT 2

GRÖSSE

Blüte: ca.6 cm hoch, ø ca. 6 cm
Blatt ca. 23 cm lang, ca. 2 cm breit
Fertige Narzisse: ca. 46 cm hoch
(inkl. Draht)

MATERIAL

Schachenmayr Catania (LL 125 g/50 g) in Vanille (Fb 403), Sonne (Fb 208) und Khaki (Fb 212), Reste

Häkelnadel 2,25 mm

Blumenwickeldraht in Gold und Grün, ø 0,35 mm

Stieldraht in Grün, ø 0,8 mm

Blumenkreppband in Grün, 12 mm breit

Wollnadel

Schere

Seitenschneider

Heißkleber

ANLEITUNG

Blütenblatt (6x)

Die Blütenblätter mit fM in R häkeln. Jede R beginnt mit 1 Wende-Lm.
Mit Häkelnd 2,25 mm in Vanille 1 Lm und 1 Wende-Lm anschl.
1. R: In die Anfangs-Lm 2 fM häkeln
2. R: Jede fM verdoppeln (= 4 M).
3. R: 4 fM häkeln.
4. R: Die 1. und die letzte fM verdoppeln (= 6 M).
5.-8. R: Jeweils 6 fM häkeln.
9. R: Die ersten und die letzten 2 fM zusammen abmaschen (= 4 M).
10. R: 4 fM häkeln.
11. R: 1 fM, 2 fM zusammen abmaschen, 1 fM (= 3 M).
12. R: 3 fM häkeln.
Nun ein ca. 15 cm langes Stück Blumenwickeldraht in Gold an den äußeren Rand des Blütenblatts legen. Das Blütenblatt mit fM in Vanille umhäkeln, dabei den Draht mit umhäkeln und in die Spitze des Blütenblatts 3 fM häkeln.
Ist das Blütenblatt fertig umhäkelt, den Faden ca. 10 cm lang abschneiden. Die beiden Drahtenden miteinander verdrehen und mit dem Seitenschneider ca. 5 cm lang abknipsen.

Blütenkelch

Den Blütenkelch mit fM in Rd häkeln. Jede Rd mit 1 Km schließen.
Mit Häkelnd 2,25 mm in Sonne 2 Lm anschl.

1. Rd: 5 fM in die 2. Lm von der Häkelnd aus häkeln und mit 1 Km zur Rd schließen.
2. Rd: Jede fM verdoppeln (= 10 M).
3. Rd: 10 fM häkeln.
4. Rd: Jede 2. fM verdoppeln (= 15 M).
5.-7. Rd: Jeweils 15 fM häkeln.
8. Rd: Jede fM verdoppeln (= 30 M).
9. Rd: * 3 Lm, 1 Km in die folgende M der Vor-Rd, ab * wdh, bis alle M der Vor-Rd behäkelt sind.
Den Faden abschneiden und vernähen

Kelch (Boden der Blume)

Den Kelch mit fM in Rd häkeln. Jede Rd mit 1 Km schließen.
Mit Häkelnd 2,25 mm in Khaki 2 Lm anschl.
1. Rd: 6 fM in die 2. Lm von der Häkelnd aus häkeln und mit 1 Km zur Rd schließen.
2. Rd: Jede fM verdoppeln (= 12 M).
3. Rd: 12 fM häkeln.
4. Rd: Jede 2. fM verdoppeln (= 18 M).
5. Rd: 18 fM häkeln.
Den Faden abschneiden und vernähen

Blatt

Das Blatt mit fM in R häkeln. Jede R beginnt mit 1 Wende-Lm.
Mit Häkelnd 2,25 mm in Khaki 1 Lm und 1 Wende-Lm anschl.
1. R: In die Anfangs-Lm 2 fM häkeln.
2.-9. R: Jeweils 2 fM häkeln.
10. R: 1 fM verdoppeln, 1 fM (= 3 M).
11.-50. R: Jeweils 3 fM häkeln.
Nun ein ca. 50 cm langes Stück Blumenwickeldraht in Grün an den äußeren Rand des Blatts legen. Das Blatt mit fM in Khaki umhäkeln, dabei den Draht mit umhäkeln und in die Spitze des Blatts 3 fM häkeln.
Ist das Blatt fertig umhäkelt, den Faden ca. 10 cm lang abschneiden. Die beiden Drahtenden miteinander verdrehen und mit dem Seitenschneider ca. 5 cm lang abknipsen. Anschließend den Faden mit der Wollnadel vernähen und abschneiden.

Fertigstellen

Ein Stück Stieldraht von unten in den Blütenkelch schieben und mit einem Tropfen Heißkleber befestigen. Nun nacheinander die Blütenblätter einander etwas überlappend um den Kelch legen und die Drähte um den Floristikdraht drehen. Wenn alle Blütenblätter um den Blütenkelch gelegt sind, den Kelch von unten auf den Floristikdraht ziehen und bis über die Drähte der Blütenblätter hochschieben. Den Kelch mit Heißkleber befestigen. Anschließend den gesamten Stiel dicht mit Blumenkreppband umwickeln.
Danach das Blatt am Stiel anlegen und die Drähte zusammen mit dem Stiel der Blüte dicht mit Blumenkreppband umwickeln.

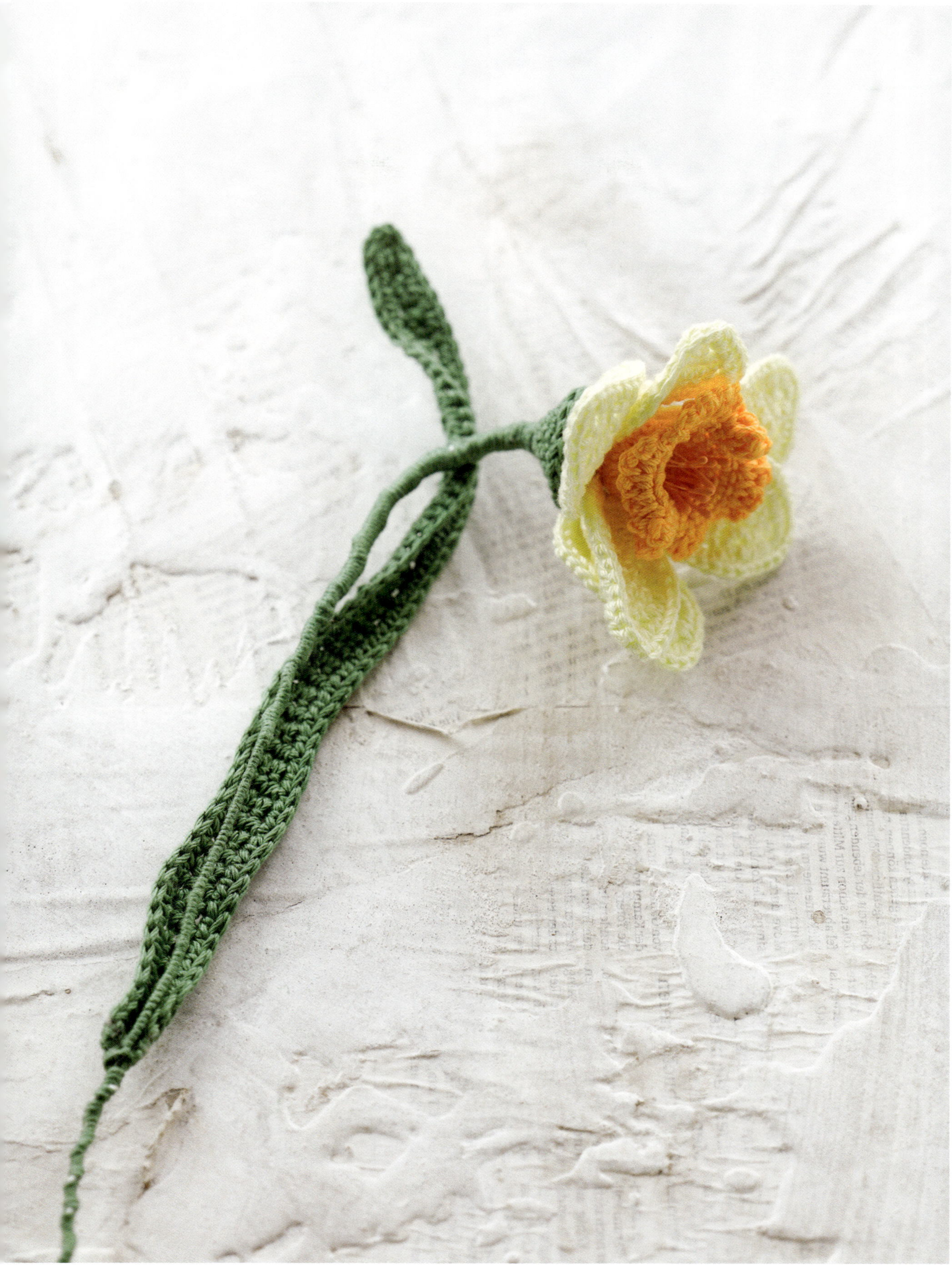

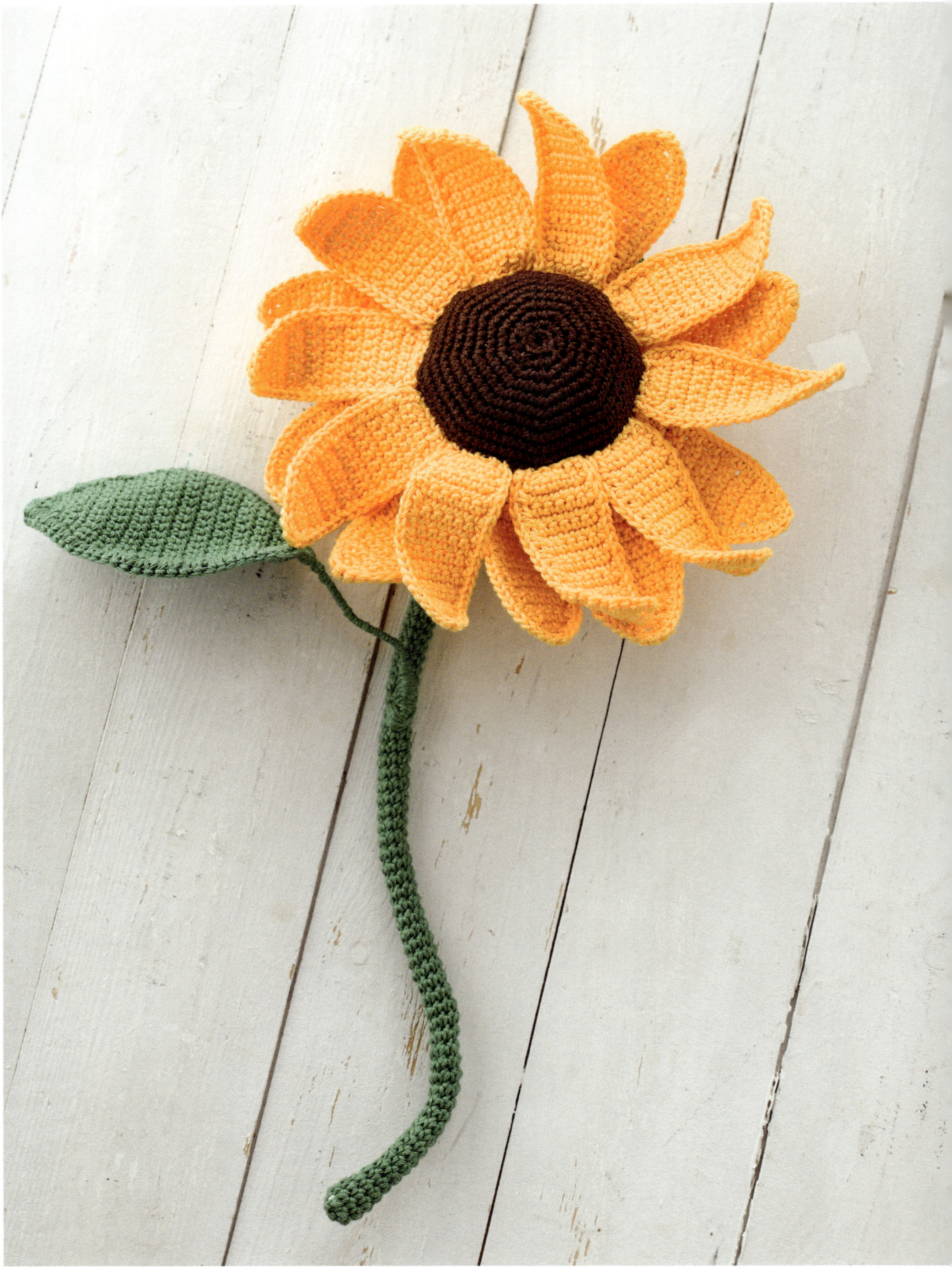

Sonnenblume

SCHWIERIGKEIT 3

GRÖSSE

Blüte: ø ca. 23 cm
Blatt: ca. 11 cm lang, ca. 7 cm breit
Fertige Sonnenblume: ca. 42 cm hoch (inkl. Blüte)

MATERIAL

Schachenmayr Catania (LL 125 g/50 g) in Sonne (Fb 208), 100 g, Kaffee (Fb 162), und Moos (Fb 412), Reste

Häkelnadel 2,25 mm

Blumenwickeldraht in Grün und Gold, ø 0,35 mm

Aluminiumdraht in Grün, ø 3 mm

Stieldraht in Grün, ø 0,8 mm

Füllwatte

Wollnadel

Schere

Seitenschneider

ANLEITUNG

Blütenblatt (20x)

Die Blütenblätter mit fM in R häkeln. Jede R beginnt mit 1 Wende-Lm.

Mit Häkelnd 2,25 mm in Sonne 1 Lm und 1 Wende-Lm anschl.

1. R: In die Anfangs-Lm 2 fM häkeln.

2. R: Jede fM verdoppeln (= 4 M).

3. R: 4 fM häkeln.

4. R: Die 1. und die letzte fM verdoppeln (= 6 M).

5.-18. R: Jeweils 6 fM häkeln.

19. R: Die ersten und die letzten 2 fM zusammen abmaschen (= 4 M).

Nun ein ca. 20 cm langes Stück Blumenwickeldraht in Gold an den äußeren Rand des Blütenblatts legen. Das Blütenblatt mit fM in Sonne umhäkeln, dabei den Draht mit umhäkeln und in die Spitze des Blütenblatts 3 fM häkeln.

Ist das Blütenblatt fertig umhäkelt, den Faden ca. 10 cm lang abschneiden. Die beiden Drahtenden miteinander verdrehen und mit dem Seitenschneider ca. 5 cm lang abknipsen. Den Faden noch nicht vernähen, sondern hängen lassen.

Blütenkopf und Stiel

Blütenkopf und Stiel in einem Stück mit fM in Rd häkeln. Jede Rd mit 1 Km schließen.
Mit Häkelnd 2,25 mm in Kaffee 2 Lm anschl.

1. Rd: 8 fM in die 2. Lm von der Häkelnd aus häkeln und mit 1 Km zur Rd schließen.
2. Rd: Jede fM verdoppeln (= 16 M).
3. Rd: Jede 2. fM verdoppeln (= 24 M).
4. Rd: Jede 3. fM verdoppeln (= 32 M).
5. Rd: Jede 4. fM verdoppeln (= 40 M).
6. Rd: Jede 5. fM verdoppeln (= 48 M).
7. Rd: Jede 6. fM verdoppeln (= 56 M).
8. Rd: Jede 7. fM verdoppeln (= 64 M).
9. Rd: Jede 8. fM verdoppeln (= 72 M).
10.-12. Rd: 72 fM häkeln.
13. Rd: Jede 8. und 9. fM zusammen abmaschen (= 64 M).
14. Rd: Jede 7. und 8. fM zusammen abmaschen (= 56 M).
Nun in Moos weiterhäkeln.
15. Rd: Jede 6. und 7. fM zusammen abmaschen (= 48 M).
16. Rd: Jede 5. und 6. fM zusammen abmaschen (= 40 M).
17. Rd: Jede 4. und 5. fM zusammen abmaschen (= 32 M).
18. Rd: Jede 3. und 4. fM zusammen abmaschen (= 24 M).
Den Blütenkopf mit Füllwatte ausstopfen.
19. Rd: Jede 3. und 4. fM zusammen abmaschen (= 18 M).
20.-22. Rd: Jeweils 18 fM häkeln.
23. Rd: Jede 2. und 3. fM zusammen abmaschen (= 12 M).
24.-28. Rd: Jeweils 12 fM häkeln
29. Rd: Die 1. und 2. fM sowie die 5. und 6 fM zusammen abmaschen (= 10 M).
30.-89. Rd: Jeweils 10 fM häkeln

Die Arbeit beenden und den Faden ca. 10 cm lang abschneiden.
Nun ein Stück Aluminiumdraht in Grün in der passenden Länge mit dem Seitenschneider abknipsen, einen Stieldraht um den Aluminiumdraht wickeln und die Drähte in den Stiel der Sonnenblume schieben. Dann das Stielende mit dem Faden zusammennähen, damit der Draht nicht mehr herausrutscht.

Blütenboden-Blatt (7x)

Die Blütenboden-Blätter mit fM in R häkeln. Jede R beginnt mit 1 Wende-Lm.
Mit Häkelnd 2,25 mm in Moos 1 Lm und 1 Wende-Lm anschl.

1. R: In die Anfangs-Lm 2 fM häkeln.
2. R: 2 fM häkeln.
3. R: Jede fM verdoppeln (= 4 M).
4. R: Die 1. und die letzte fM verdoppeln (= 6 M).
5. R: Die 1. und die letzte fM verdoppeln (= 8 M).
6. R: Die 1. und letzte fM verdoppeln (= 10 M).
7.+8. R: Jeweils 10 fM häkeln.
9. R: Die ersten und die letzten 2 fM zusammen abmaschen (= 8 M).
10. R: Die ersten und die letzten 2 fM zusammen abmaschen (= 6 M).
Die Arbeit beenden und den Faden ca. 10 cm lang abschneiden.
Die Blütenboden-Blätter werden später um den Blütenkopf herum angenäht.

Blatt

Mit Häkelnd 2,25 mm in Moos 1 Lm und 1 Wende-Lm anschl.

1. R: In die Anfangs-Lm 2 fM häkeln.
2. R: 2 fM häkeln.
3. R: Jede fM verdoppeln (= 4 M).
4. R: Die 1. und die letzte fM verdoppeln (= 6 M).

5. R: 6 fM häkeln.

6. R: Die 1. und die letzte fM verdoppeln (= 8 M).

7. R: Die 1. und die letzte fM verdoppeln (= 10 M).

8. R: Die 1. und die letzte fM verdoppeln (= 12 M).

9.+10. R: Jeweils 12 fM häkeln.

11. R: Die 1. und die letzte fM verdoppeln (= 14 M).

12. R: Die 1. und die letzte fM verdoppeln (= 16 M).

13. R: Die 1. und die letzte fM verdoppeln (= 18 M).

14.-20. R: Jeweils 18 fM häkeln.

21. R: Die ersten und die letzten 2 fM zusammen abmaschen (= 16 M).

22. R: Die ersten und die letzten 2 fM zusammen abmaschen (= 14 M).

23. R: 14 fM häkeln.

24. R: Die ersten und die letzten 2 fM zusammen abmaschen (= 12 M).

25. R: Die ersten und die letzten 2 fM zusammen abmaschen (= 10 M).

26. R: 10 fM häkeln.

27. R: Die ersten und die letzten 2 fM zusammen abmaschen (= 8 M).

28. R: Immer 2 fM zusammen abmaschen (= 4 M).

Nun ein ca. 50 cm langes Stück Blumenwickeldraht in Grün an den äußeren Rand des Blatts legen. Das Blatt mit fM in Moos umhäkeln, dabei den Draht mit umhäkeln und in die Spitze des Blatts 3 fM häkeln.

Ist das Blatt fertig umhäkelt, den Faden ca. 10 cm lang abschneiden. Die beiden Drahtenden miteinander verdrehen und mit dem Seitenschneider ca. 5 cm lang abknipsen. Anschließend den Faden mit der Wollnadel vernähen und abschneiden.

Fertigstellen

Nun die ersten 10 Blütenblätter rings um den Blütenkopf verteilen und auf Höhe der 13. Runde des Blütenkopfs jeweils mit dem hängen gelassenen Faden annähen.

Dann die restlichen 10 Blütenblätter in einer direkt darunter liegenden zweiten Runde versetzt zu den ersten Blütenblättern anordnen und ebenso annähen.

Anschließend die 7 Blütenboden-Blätter verteilt unter den Blütenblättern anordnen und an den Blütenboden nähen.

Ein Stück Stieldraht am Blatt anlegen und mit den Drahtenden des Blatts verdrehen. Den gesamten Stiel dicht mit Blumenkreppband umwickeln.

Den Blattstiel am Stiel der Blüte anlegen und den unteren Bereich des Blattstiels annähen.

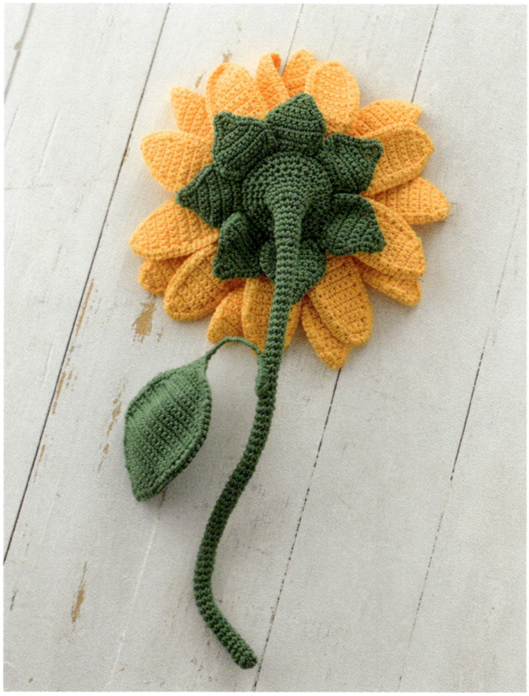

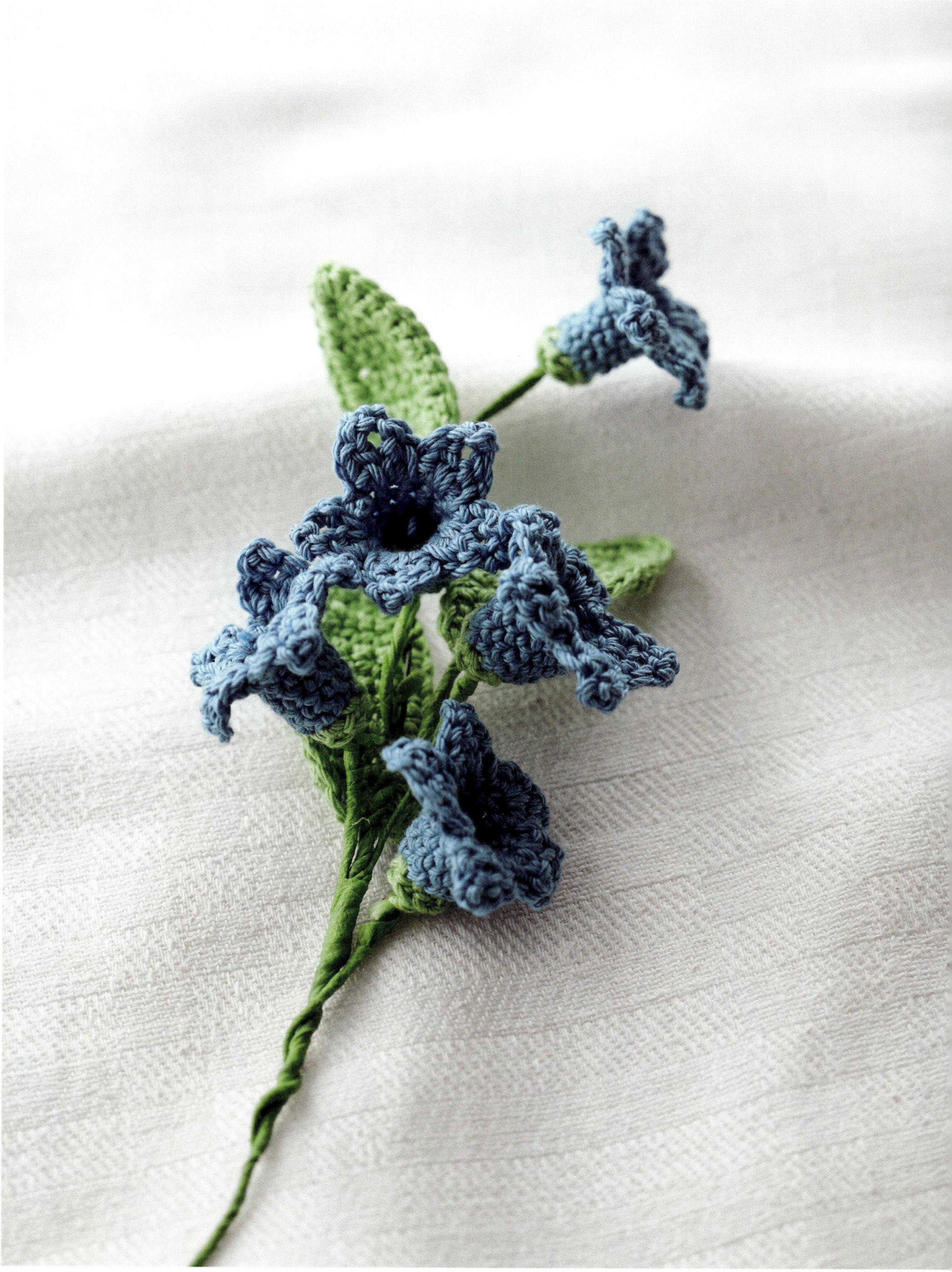

Glocken-blume

SCHWIERIG-KEIT 2

GRÖSSE

Blüte: ca. 3,5 cm hoch, ø ca. 4 cm
Blatt: ca. 6 cm lang, ca. 2,5 cm breit
Fertige Glockenblume: ca. 20 cm hoch (inkl. Draht)

MATERIAL

Schachenmayr Catania (LL 125 g/50 g) in Capri (Fb 384) und Greenery (Fb 418), Reste

Häkelnadel 2,25 mm

Blumenwickeldraht in Silber und Grün, ø 0,35 mm

Stieldraht in Grün, ø 0,8 mm

Blumenkreppband in Hellgrün, 12 mm breit

je Blüte 1 Perle, ø ca. 3 mm

Wollnadel

Schere

Seitenschneider

ANLEITUNG

Blüte (5x)
Die Blüten mit fM in Rd häkeln. Jede Rd mit 1 Km schließen.
Mit Häkelnd 2,25 mm in Capri 2 Lm anschl.
1. Rd: 5 fM in die 2. Lm von der Häkelnd aus häkeln und mit 1 Km zur Rd schließen.
2. Rd: Jede fM verdoppeln (= 10 M).
3.-6. Rd: Jeweils 10 fM häkeln.
7. Rd: * [1 hStb, 1 Stb, 1 Picot (= 3 Lm und 1 Km in die 1. Lm), 1 Stb, 1 hStb] in 1 M, 1 Km in die nächste M, ab * wdh, bis alle M der Vor-Rd behäkelt sind.
Anschließend den Faden abschneiden und mit der Wollnadel vernähen.

Blütenkelch (5x)

Die Blütenkelche mit fM in Rd häkeln. Jede Rd mit 1 Km schließen.

Mit Häkelnd 2,25 mm in Greenery 2 Lm anschl.

1. Rd: 6 fM in die 2. Lm von der Häkelnd aus häkeln und mit 1 Km zur Rd schließen.

2. Rd: Jede fM verdoppeln (= 12 M).

3. Rd: 12 fM häkeln.

Die Arbeit beenden und den Faden ca. 10 cm lang abschneiden.

Blatt (3x)

Die Blätter mit fM in R häkeln. Jede R beginnt mit 1 Wende-Lm.

Mit Häkelnd 2,25 mm in Greenery 1 Lm und 1 Wende-Lm anschl.

1. R: In die Anfangs-Lm 2 fM häkeln.

2. R: 2 fM häkeln.

3. R: Jede fM verdoppeln (= 4 M).

4.-11. R: Jeweils 4 fM häkeln.

12. R: Immer 2 fM zusammen abmaschen (= 2 M).

Nun ein ca. 20 cm langes Stück Blumenwickeldraht in Grün an den äußeren Rand des Blatts legen. Das Blatt mit fM in Greenery umhäkeln, dabei den Draht mit umhäkeln und in die Spitze des Blatts 3 fM häkeln.

Ist das Blatt fertig umhäkelt, den Faden ca. 10 cm lang abschneiden. Die beiden Drahtenden miteinander verdrehen und mit dem Seitenschneider ca. 5 cm lang abknipsen. Anschließend den Faden mit der Wollnadel vernähen und abschneiden.

Fertigstellen

Für jede Blüte eine Perle auf ein ca. 10 cm langes Stück Blumenwickeldraht in Silber aufziehen, in die Drahtmitte schieben und die Drahtenden miteinander verdrehen. Die Drahtenden nun von vorne durch die Blüte nach hinten durch die Mitte des Blütenbodens schieben, sodass die Perle in der Blüte liegt. Dann einen Blütenkelch auf die Drahtenden ziehen und bis an die Blüte schieben. Die Drahtenden dicht mit Blumenkreppband umwickeln.

Ein Stück Stieldraht an einer Blüte anlegen. Den Stieldraht dicht mit Blumenkreppband umwickeln. Dann die anderen Blüten und die Blätter versetzt am Stiel anlegen und die Drahtenden der Blüten und Blätter jeweils zusammen mit dem Stieldraht mit Blumenkreppband umwickeln.

Maiglöckchen

SCHWIERIG-KEIT 2

GRÖSSE

Blüte: ca. 2 cm hoch, ø ca. 2 cm
Blatt: ca. 12 cm lang, 6 cm breit
Fertiges Maiglöckchen: ca. 18 cm hoch (inkl. Draht)

MATERIAL

Schachenmayr Catania (LL 125 g/50 g) in Weiß (Fb 106) und Tannenbaum (Fb 419), Reste

Häkelnadel 2,25 mm

Blumenwickeldraht in Silber und Grün, ø 0,35 mm

Stieldraht in Grün, ø 0,8 mm

Blumenkreppband in Grün, 12 mm breit

5 Kunststoffperlen in Weiß, ø 10 mm

Wollnadel

Schere

Seitenschneider

ANLEITUNG

Blüte (5x)

Die Blüten mit fM in Rd häkeln. Jede Rd mit 1 Km schließen.

Mit Häkelnd 2,25 mm in Weiß 2 Lm anschl.

1. Rd: 6 fM in die 2. Lm von der Häkelnd aus häkeln und mit 1 Km zur Rd schließen.

2. Rd: Jede fM verdoppeln (= 12 M).

3. Rd: 12 fM häkeln.

4. Rd: Jede 2.+3. M zusammen abmaschen (= 8 M).

5. Rd: * 1 Picot (= 3 Lm und 1 Km in die erste der 3 Lm), 1 Km in die nächste M der Vor-Rd, ab * wdh, bis alle M der Vor-Rd behäkelt sind.

Den Faden ca. 10 cm lang abschneiden und vernähen.

Damit die Blüte schön rund wird eine Perle auf ein ca. 6 cm langes Stück Blumenwickeldraht in Silber aufziehen, in die Drahtmitte schieben und die Drahtenden miteinander verdrehen. Die Drahtenden nun von vorne in die Blüte und nach hinten durch die Mitte des Blütenbodens schieben, sodass die Perle in der Blüte liegt. Die Drahtenden dicht mit Blumenkreppband umwickeln.

Blatt

Das Blatt mit fM in R häkeln. Jede R beginnt mit 1 Wende-Lm.

Mit Häkelnd 2,25 mm in Tannenbaum 1 Lm und 1 Wende-Lm anschl.

1. R: In die Anfangs-Lm 2 fM häkeln.

2. R: 2 fM häkeln.

3. R: Jede fM verdoppeln (= 4 M).

4. R: 4 fM häkeln.

5. R: Die 1. und die letzte fM verdoppeln (= 6 M).

6. R: 6 fM häkeln.

7. R: Die 1. und die letzte fM verdoppeln (= 8 M).

8. R: Die 1. und die letzte fM verdoppeln (= 10 M).

9. R: Die 1. und die letzte fM verdoppeln (= 12 M).

10. R: Die 1. und die letzte fM verdoppeln (= 14 M).

11.-18. R: Jeweils 14 fM häkeln.

19. R: Die ersten und die letzten 2 fM zusammen abmaschen (= 12 M).

20.+21. R: Jeweils 12 fM häkeln.

22. R: Die ersten und die letzten 2 fM zusammen abmaschen (= 10 M).

23.+24. R: Jeweils 10 fM häkeln.

25. R: Die ersten und die letzten 2 fM zusammen abmaschen (= 8 M).

26. R: Die ersten und die letzten 2 fM zusammen abmaschen (= 6 M).

27. R: Immer 2 fM zusammen abmaschen (= 3 M).

28.+29. R: Jeweils 3 fM häkeln.

Nun ein ca. 40 cm langes Stück Blumenwickeldraht in Grün an den äußeren Rand des Blatts legen. Das Blatt mit fM in Tannenbaum umhäkeln, dabei den Draht mit umhäkeln und in die Spitze des Blatts 3 fM häkeln.

Ist das Blatt fertig umhäkelt, den Faden ca. 10 cm lang abschneiden. Die beiden Drahtenden miteinander verdrehen und mit dem Seitenschneider ca. 5 cm lang abknipsen. Anschließend den Faden mit der Wollnadel vernähen und abschneiden. Die Drahtenden mit etwas Blumenkreppband umwickeln

Fertigstellen

Ein Stück Stieldraht an einer Blüte anlegen. Den Stieldraht zusammen mit den Blütendrähten dicht mit Blumenkreppband umwickeln. Dann den Stieldraht weiter dicht mit Blumenkreppband umwickeln, dabei die anderen Blüten versetzt am Stiel anlegen und die Drahtenden der Blüten jeweils zusammen mit dem Stieldraht mit Blumenkreppband umwickeln.

Danach das Blatt am Stieldraht anlegen und die Drahtenden zusammen mit dem Stieldraht mit Blumenkreppband umwickeln.

Zum Schluss können die einzelnen Blüten noch etwas nach unten gebogen werden.

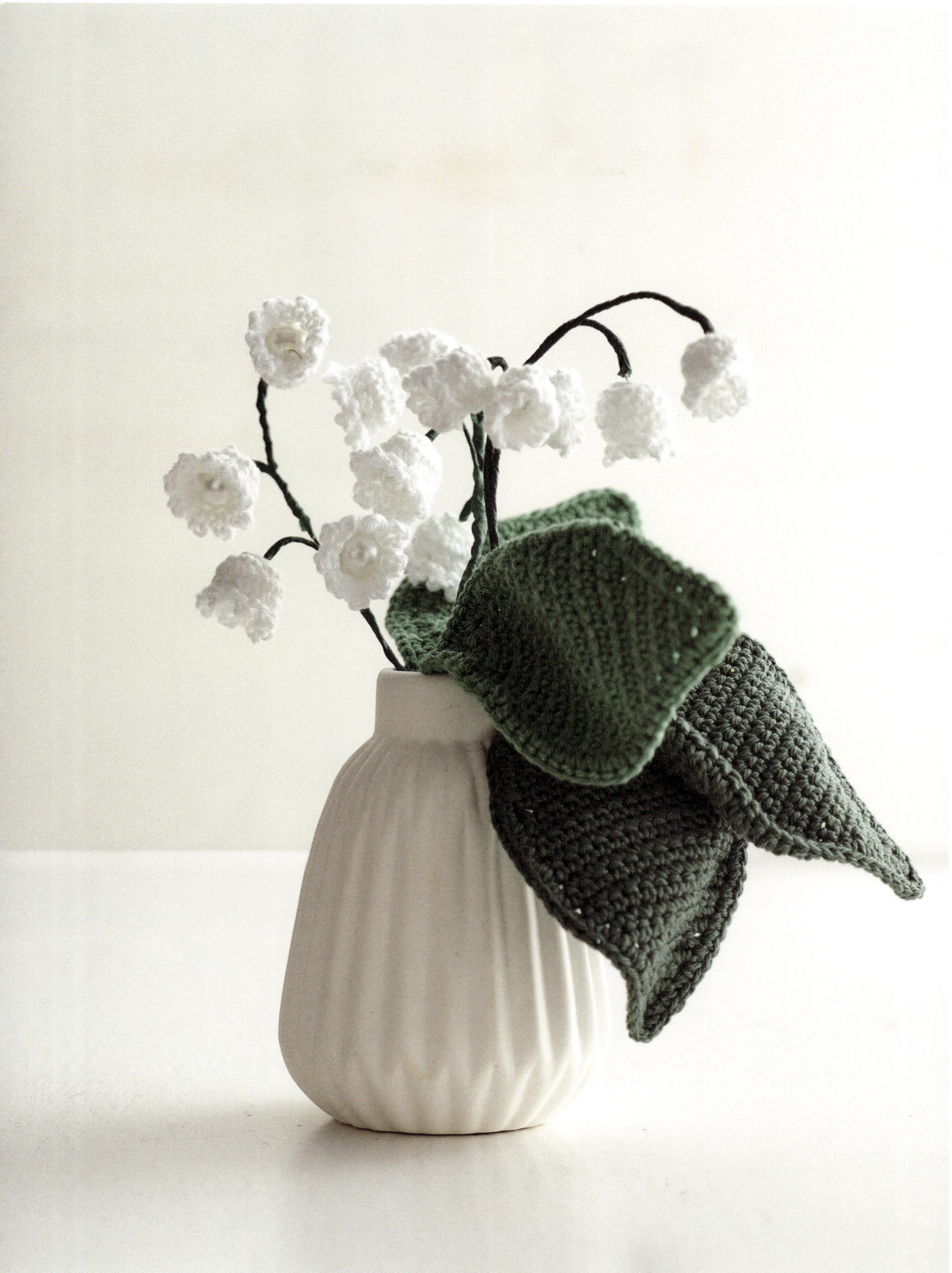

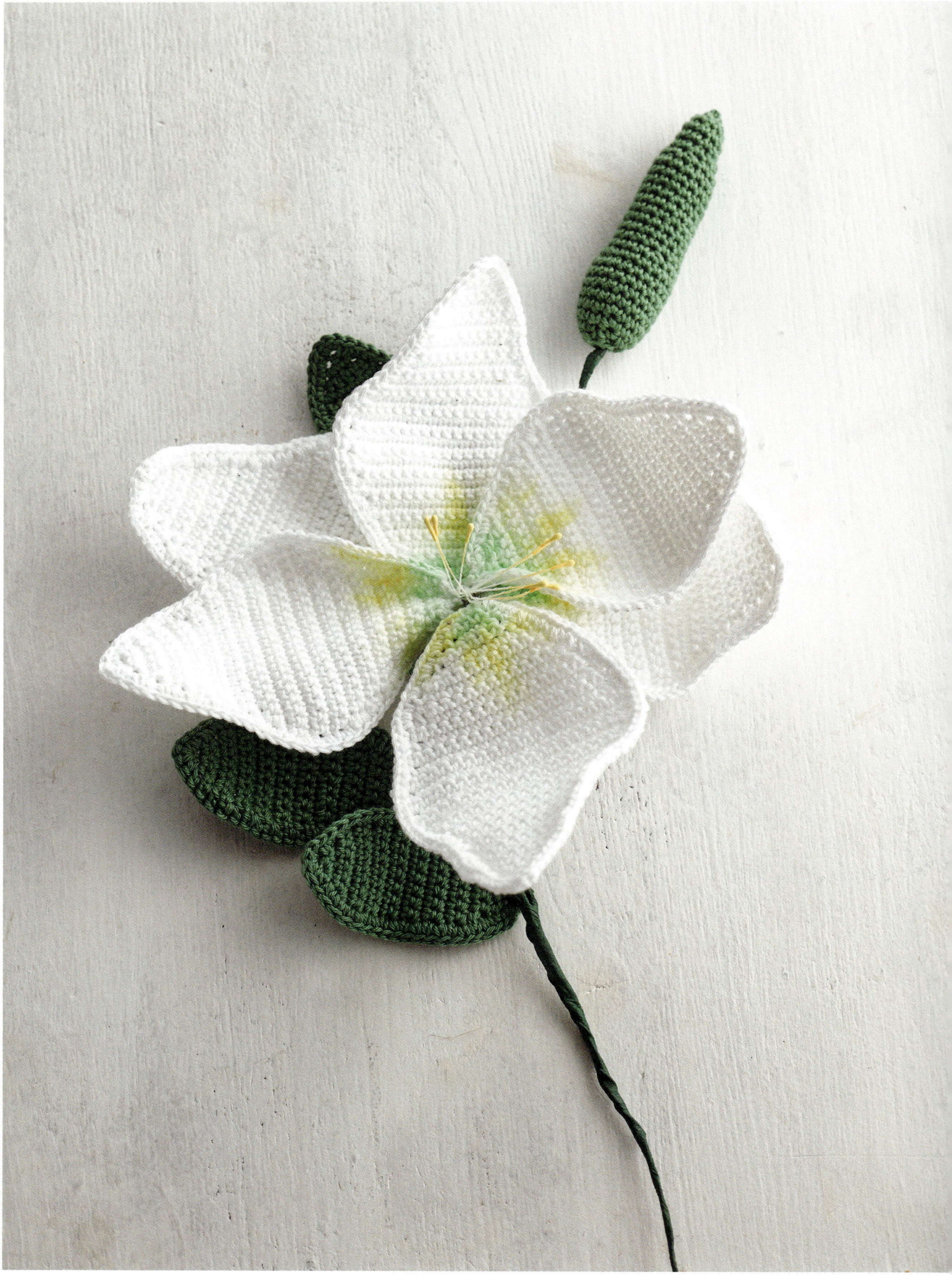

Lilie

SCHWIERIGKEIT 2

GRÖSSE

Blüte: ø ca. 15 cm
Knospe: ca. 9 cm lang, ø 2,5 cm
Blatt: ca. 8 cm lang, 4 cm breit
Fertige Lilie: ca. 60 cm hoch (inkl. Draht)

MATERIAL

Schachenmayr Catania in Weiß (Fb 106), 50 g und Moos (Fb 412), Reste

Häkelnadel 2,25 mm

Blumenwickeldraht in Silber und Grün, ø 0,35 mm

Stieldraht in Grün, ø 0,8 mm

Blumenkreppband in Grün, 12 mm breit

Staubgefäße in Gelb

Pastellkreiden in Hellgrün und Hellgelb

Füllwatte

Wollnadel

Schere

Seitenschneider

Heißkleber

ANLEITUNG

Blütenblatt (6x)

Die Blütenblätter mit fM in R häkeln. Jede R beginnt mit 1 Wende-Lm.

Mit Häkelnd 2,25 mm in Weiß 1 Lm und 1 Wende-Lm anschl.

1. R: In die Anfangs-Lm 2 fM häkeln.
2. R: Jede fM verdoppeln (= 4 M).
3. R: Die 1. und die letzte fM verdoppeln (= 6 M).
4. R: 6 fM häkeln.
5. R: Die 1. und die letzte fM verdoppeln (= 8 M).
6. R: 8 fM häkeln.
7. R: Die 1. und die letzte fM verdoppeln (= 10 M).
8.-10. R: Jeweils 10 fM häkeln.
11. R: Die 1. und die letzte fM verdoppeln (= 12 M).
12. R: 12 fM häkeln.
13. R: Die 1. und die letzte fM verdoppeln (= 14 M).
14. R: Die 1. und die letzte fM verdoppeln (= 16 M).
15. R: Die 1. und die letzte fM verdoppeln (= 18 M).
16. R: Die 1. und die letzte fM verdoppeln (= 20 M).

17.-21. R: Jeweils 20 fM häkeln.
22. R: Die ersten und die letzten 2 fM zusammen abmaschen (= 18 M).
23. R: 18 fM häkeln.
24. R: Die ersten und die letzten 2 fM zusammen abmaschen (= 16 M).
25. R: 16 fM häkeln.
26. R: Die ersten und die letzten 2 fM zusammen abmaschen (= 14 M).
27. R: Die ersten und die letzten 2 fM zusammen abmaschen (= 12 M).
28. R: 12 fM häkeln.
29. R: Die ersten und die letzten 2 fM zusammen abmaschen (= 10 M).
30. R: Die ersten und die letzten 2 fM zusammen abmaschen (= 8 M).
31. R: Die ersten und die letzten 2 fM zusammen abmaschen (= 6 M).
32. R: Die ersten und die letzten 2 fM zusammen abmaschen (= 4 M).
33.+34. R: Jeweils 4 fM häkeln.
Nun ein ca. 50 cm langes Stück Blumenwickeldraht in Silber an den äußeren Rand des Blütenblatts legen. Das Blütenblatt mit fM in Weiß umhäkeln, dabei den Draht mit umhäkeln und in die Spitze des Blütenblatts 3 fM häkeln.
Ist das Blütenblatt fertig umhäkelt, den Faden ca. 10 cm lang abschneiden. Die beiden Drahtenden miteinander verdrehen und mit dem Seitenschneider ca. 7 cm lang abknipsen. Anschließend den Faden mit der Wollnadel vernähen und abschneiden.

Blütenkelch
Den Blütenkelch mit fM in Rd häkeln. Jede Rd mit 1 Km schließen.
Mit Häkelnd 2,25 mm in Moos 6 Lm anschl und mit einer Km zur Rd schließen.
1. Rd: 12 fM in den Ring häkeln.
2. Rd: Jede 2. fM verdoppeln (= 18 M).
3. Rd: Jede 3. fM verdoppeln (= 24 M).
4. Rd: Jede 4. fM verdoppeln (= 30 M).
5. Rd: * 1 Picot (= 3 Lm und 1 Km in die erste der 3 Lm), 1 Km in die nächste M der Vor-Rd, ab * wdh, bis alle M der Vor-Rd behäkelt sind.
Die Arbeit beenden, den Faden ca. 10 cm lang abschneiden und vernähen.

Knospe
Die Knospe mit fM in Rd häkeln. Jede Rd mit 1 Km schließen.
Mit Häkelnd 2,25 mm in Moos 2 Lm anschl.
1. Rd: 5 fM in die 2. Lm von der Häkelnd aus häkeln und mit 1 Km zur Rd schließen.
2. Rd: Jede fM verdoppeln (= 10 M).
3. Rd: Jede 2. fM verdoppeln (= 15 M).
4. Rd: Jede 3. fM verdoppeln (= 20 M).
5.-9. Rd: Jeweils 20 fM häkeln.
10. Rd: Jede 3. und 4. fM zusammen abmaschen (= 15 M).
11.-20. Rd: Jeweils 15 fM häkeln.
21. Rd: Jede 2. und 3. fM zusammen abmaschen (= 10 M).
22.-24. Rd: Jeweils 10 fM häkeln.
Die Knospe mit Füllwatte ausstopfen.
25. Rd: Immer 2 fM zusammen abmaschen (= 5 M).

Die Arbeit beenden und den Faden ca. 10 cm lang abschneiden.
Anschließend die Öffnung mit Hilfe des Fadens schließen, den Faden vernähen und abschneiden.

Blatt (3x)

Das Blatt mit fM in R häkeln. Jede R beginnt mit 1 Wende-Lm.
Mit Häkelnd 2,25 mm in Moos 1 Lm und 1 Wende-Lm anschl.
1. R: In die Anfangs-Lm 2 fM häkeln.
2. R: Jede fM verdoppeln (= 4 M).
3. R: Die 1. und die letzte fM verdoppeln (= 6 M)
4. R: Die 1. und die letzte fM verdoppeln (= 8 M).
5.-16. R: Jeweils 8 fM häkeln.
17. R: Die ersten und die letzten 2 fM zusammen abmaschen (= 6 M).
18. R: 6 fM häkeln.
19. R: Die ersten und die letzten 2 fM zusammen abmaschen (= 4 M).
20. R: 4 fM häkeln.
Nun ein ca. 40 cm langes Stück Blumenwickeldraht in Grün an den äußeren Rand des Blatts legen. Das Blatt mit fM in Moos umhäkeln, dabei den Draht mit umhäkeln und in die Spitze des Blatts 3 fM häkeln.
Ist das Blütenblatt fertig umhäkelt, den Faden ca. 10 cm lang abschneiden. Die beiden Drahtenden miteinander verdrehen und mit dem Seitenschneider ca. 5 cm lang abknipsen. Anschließend den Faden mit der Wollnadel vernähen und abschneiden.
Dann die Drahtenden mit etwas Blumenkreppband umwickeln.

Fertigstellen

Die 6 Blütenblätter zu einer Blüte formen, in die Mitte ca. 5 Staubgefäße mit einbinden. Nun alle Drahtenden der einzelnen Blütenblätter miteinander verdrehen, einen Stieldraht anlegen und mit Heißkleber an den Drahtenden der Blütenblätter festkleben.
Dann den Blütenkelch auf den Stieldraht ziehen und bis an die Blütenblätter schieben. Den Blütenkelch ebenfalls mit Heißkleber befestigen.
Die Drahtenden und dann den gesamten Stieldraht dicht mit Blumenkreppband umwickeln.
Ein Stück Stieldraht von unten in die Knospe schieben und mit etwas Heißkleber befestigen. Dann den gesamten Stieldraht dicht mit Blumenkreppband umwickeln.
Danach die Stiele der Blätter und der Knospe am Stiel der Blüte anlegen und jeweils ab der gewünschten Höhe die Stiele zusammen dicht mit Blumenkreppband umwickeln.
Zum Schluss noch die Blütenmitte mit Pastellkreiden „schattieren".

Nelke

SCHWIERIGKEIT 3

GRÖSSE

Blüte: ø ca. 5 cm
Blatt: ca. 5 cm lang, 2,5 cm breit
Fertige Nelke: ca. 21 cm hoch
(inkl. Draht)

MATERIAL

Schachenmayr Catania (LL 125 g/50 g) in Vanille (Fb 403) und Khaki (Fb 212), Reste

Häkelnadel 2,25 mm

Blumenwickeldraht in Grün, ø 0,35 mm

Stieldraht in Grün, ø 0,8 mm

Blumenkreppband in Grün, 12 mm breit

Wollnadel

Schere

Seitenschneider

Heißkleber

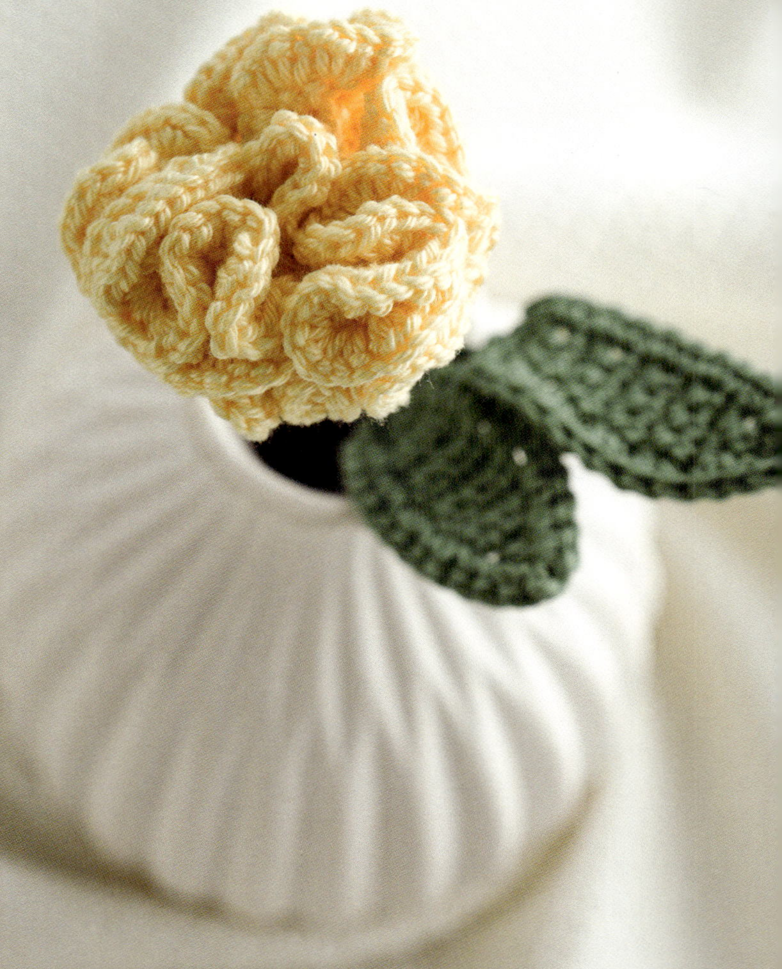

ANLEITUNG

Blüte

Die Blüte mit fM in Rd häkeln. Jede Rd mit 1 Km schließen.

Mit Häkelnd 2,25 mm in Vanille 2 Lm anschl.

1. Rd: 5 fM in die 2. Lm von der Häkelnd aus häkeln und mit einer Km zur Rd schließen.

2. Rd: In jede fM 3 fM häkeln (= 15 M).

3. Rd: In jede fM 3 fM häkeln (= 45 M).

4. Rd: In jede fM 3 fM häkeln (= 135 M).

5. Rd: In jede fM 3 fM häkeln (= 405 M).

Die Arbeit beenden und den Faden ca. 10 cm lang abschneiden.

Blütenkelch

Den Blütenkelch mit fM in Rd häkeln. Jede Rd mit 1 Km schließen.

Mit Häkelnd 2,25 mm in Khaki 2 Lm anschl.

1. Rd: 5 fM in die 2. Lm von der Häkelnd aus häkeln und mit einer Km zur Rd schließen.

2. Rd: Jede fM verdoppeln (= 10 M).

3. Rd: 10 fM häkeln.

4. Rd: Jede 2. fM verdoppeln (= 15 M).

5.+6. Rd: Jeweils 15 fM häkeln.

Die Arbeit beenden, den Faden ca. 10 cm lang abschneiden und mit der Wollnadel vernähen.

Blatt (2x)

Das Blatt mit fM in R häkeln. Jede R beginnt mit 1 Wende-Lm.

Mit Häkelnd 2,25 mm in Khaki 1 Lm und 1 Wende-Lm anschl.

1. R: In die Anfangs-Lm 2 fM häkeln.

2. R: 2 fM häkeln.

3. R: Jede fM verdoppeln (= 4 M).

4.-8. R: Jeweils 4 fM häkeln.

9. R: 1 fM, 2 fM zusammen abmaschen, 1 fM (= 3 M).

10.+11. R: Jeweils 3 fM häkeln.

Nun ein ca. 25 cm langes Stück Blumenwickeldraht in Grün an den äußeren Rand des Blatts legen. Das Blatt mit fM in Khaki umhäkeln, dabei den Draht mit umhäkeln und in die Spitze des Blatts 3 fM häkeln.

Ist das Blatt fertig umhäkelt, den Faden ca. 10 cm lang abschneiden. Die beiden Drahtenden miteinander verdrehen und mit dem Seitenschneider ca. 5 cm lang abknipsen. Anschließend den Faden mit der Wollnadel vernähen und abschneiden. Ein Stück Stieldraht am Blatt anlegen und mit den Drahtenden verdrehen. Den gesamten Stiel dicht mit Blumenkreppband umwickeln.

Fertigstellen

Ein Stück Stieldraht am Boden der Blüte anlegen mit etwas Heißkleber festkleben. Dann den Blütenkelch auf den Stieldraht ziehen, bis an die Blüte hochschieben und mit etwas Heißkleber festkleben. Den gesamten Stieldraht dicht mit Blumenkreppband umwickeln.

Dann die Blätter am Stiel der Blüte anlegen und ab der gewünschten Höhe die Stiele zusammen dicht mit Blumenkreppband umwickeln.

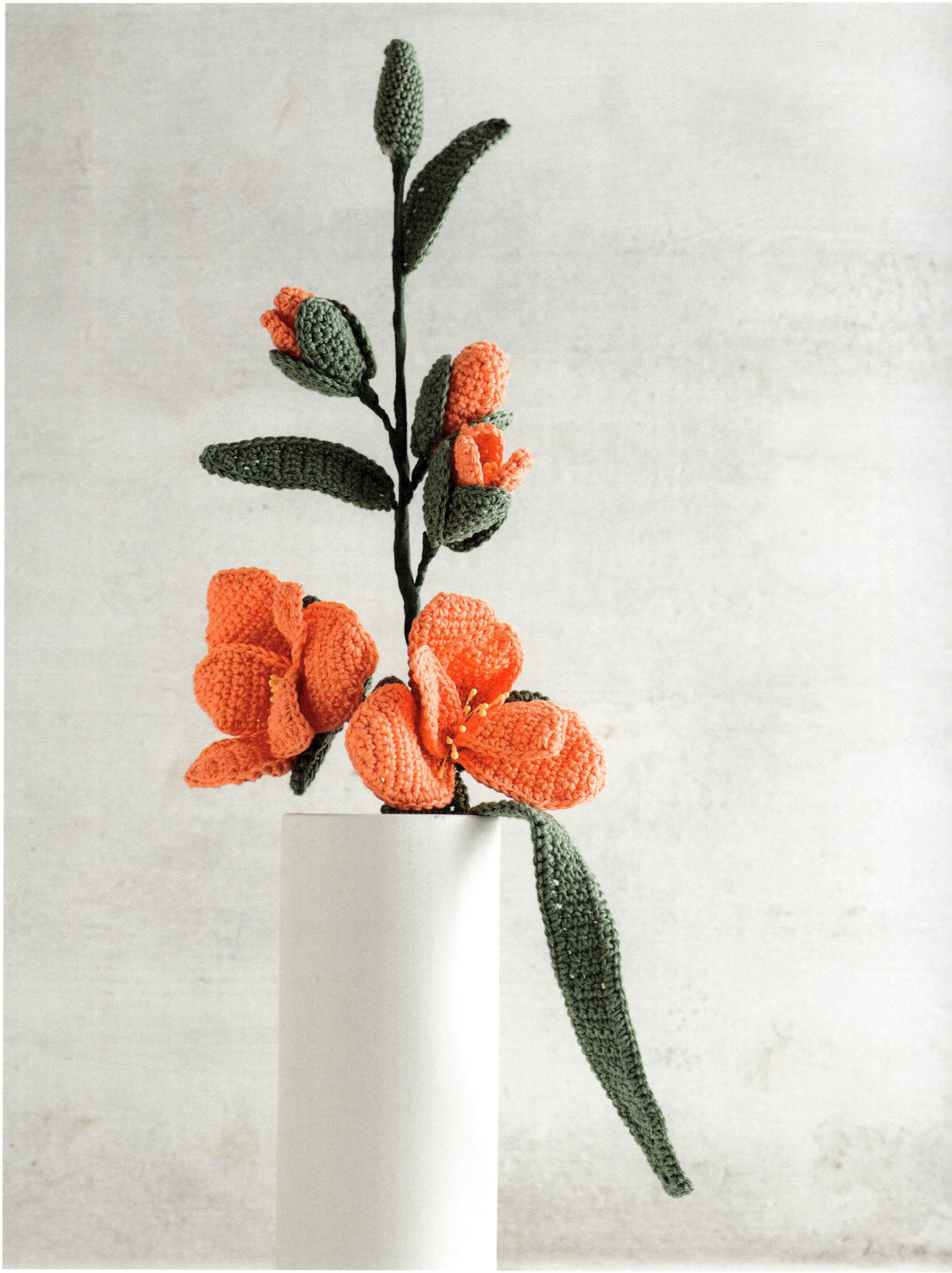

Gladiole

SCHWIERIGKEIT 3

GRÖSSE

Gladiolen-Blüte: ca. 7 cm lang, ø ca. 8 cm (leicht geöffnet)
Gladiolen-Knospe: ca. 5 cm lang, ø ca. 3 cm
Knospe: ca. 4, 5 cm lang, ø ca. 2 cm
Kurzes Blatt: ca. 8 cm lang, ca. 2 cm breit
Langes Blatt: ca. 25 cm lang, ca. 2 cm breit
Fertige Gladiole: ca. 58 cm hoch (inkl. Draht)

MATERIAL

Schachenmayr Catania (LL 125 g/50 g) in Scampi (Fb 427) und Khaki (Fb 212), je 50 g

Häkelnadel 2,25 mm

Blumenwickeldraht in Silber und Grün, ø 0,35 mm

Stieldraht in Grün, ø 0,8 mm

Aluminiumdraht in Grün, ø 3 mm, zum Verstärken des Floristikdrahtes

Blumenkreppband in Grün, 12 mm breit

je Blüte 5 Blütenstempel in Gelb

Wollnadel

Schere

Seitenschneider

Füllwatte

Heißkleber

ANLEITUNG

Gladiolen-Blüte (2x)

Für eine Gladiolen-Blüte wie folgt arbeiten:

Kleines Blütenblatt (3x)

Die Blütenblätter mit fM in R häkeln. Jede R beginnt mit 1 Wende-Lm.

Mit Häkelnd 2,25 mm in Scampi 2 Lm und 1 Wende-Lm anschl.

1. R: In die Anfangs-Lm 2 fM häkeln.

2. R: Jede fM verdoppeln (= 4 M).

3. R: Die 1. und die letzte fM verdoppeln (= 6 M).

4.-10. R: Jeweils 6 fM häkeln.

11. R: Die ersten und die letzten 2 fM zusammen abmaschen (= 4 M).

12. R: Immer 2 fM zusammen abmaschen (= 2 M).

Nun ein ca. 20 cm langes Stück Blumenwickeldraht in Silber an den äußeren Rand des Blütenblatts legen. Das Blütenblatt mit fM in Scampi umhäkeln, dabei den Draht mit umhäkeln und in die Spitze des Blütenblatts 3 fM häkeln.

Ist das Blütenblatt fertig umhäkelt, den Faden ca. 10 cm lang abschneiden. Die beiden Drahtenden miteinander verdrehen und mit dem Seitenschneider ca. 5 cm lang abknipsen. Anschließend den Faden mit der Wollnadel vernähen und abschneiden.

Großes Blütenblatt (3x)

Die Blütenblätter mit fM in R häkeln. Jede R beginnt mit 1 Wende-Lm.

Mit Häkelnd 2,25 mm in Scampi 1 Lm und 1 Wende-Lm anschl.

1. R: In die Anfangs-Lm 3 fM häkeln.

2. R: Die 1. und die letzte fM verdoppeln (= 5 M).

3. R: Die 1. und die letzte fM verdoppeln (= 7 M).

4. R: Die 1. und die letzte fM verdoppeln (= 9 M).

5.-11. R: Jeweils 9 fM häkeln.

12. R: Die ersten und die letzten 2 fM zusammen abmaschen (= 7 M).

13. R: Die ersten und die letzten 2 fM zusammen abmaschen (= 5 M).

14. R: Die ersten und die letzten 2 fM zusammen abmaschen (= 3 M).

15. R: 3 fM häkeln.

16. R: Alle 3 fM zusammen abmaschen.

Nun ein ca. 30 cm langes Stück Blumenwickeldraht in Silber an den äußeren Rand des Blütenblatts legen. Das Blütenblatt mit fM in Scampi umhäkeln, dabei den Draht mit umhäkeln und in die Spitze des Blütenblatts 3 fM häkeln.

Ist das Blütenblatt fertig umhäkelt, den Faden ca. 10 cm lang abschneiden. Die beiden Drahtenden miteinander verdrehen und mit dem Seitenschneider ca. 5 cm lang abknipsen. Anschließend den Faden mit der Wollnadel vernähen und abschneiden.

Blütenboden-Blatt (3x)

Die Blütenboden-Blätter mit fM in R häkeln. Jede R beginnt mit 1 Wende-Lm.

Mit Häkelnd 2,25 mm in Khaki 1 Lm und 1 Wende-Lm anschl.

1. R: In die Anfangs-Lm 2 fM häkeln.

2. R: Jede fM verdoppeln (= 4 M).

3. R: Die 1. und die letzte fM verdoppeln (= 6 M).

4.-7. R: Jeweils 6 fM häkeln.

8. R: Immer 2 fM zusammen abmaschen (= 3 M).

9. R: 3 fM häkeln.

Nun ein ca. 20 cm langes Stück Blumenwickeldraht in Grün an den äußeren Rand des Blütenboden-Blatts legen. Das Blütenboden-Blatt mit fM in Khaki umhäkeln, dabei den Draht mit umhäkeln und in die Spitze des Blütenblatts 3 fM häkeln.

Ist das Blütenboden-Blatt fertig umhäkelt, den Faden ca. 10 cm lang abschneiden. Die beiden Drahtenden miteinander verdrehen und mit dem Seitenschneider ca. 5 cm lang abknipsen. Anschließend den Faden mit der Wollnadel vernähen und abschneiden.

Fertigstellen Gladiolen-Blüte

Die 3 kleinen Blütenblätter zum Ring zusammenlegen und die Drahtenden der 3 Blütenblätter miteinander verdrehen. In der Mitte der Blüte 5 Staubgefäße mit einem Tropfen Heißkleber ankleben.

Die 3 großen Blütenblätter versetzt um die kleinen Blütenblätter legen und alle Drahtenden miteinander verdrehen. Danach die Blütenboden-Blätter um die Blüte legen und erneut alle Drahtenden miteinander verdrehen.

Alle Drähte zusammen mit Blumenkreppband umwickeln.

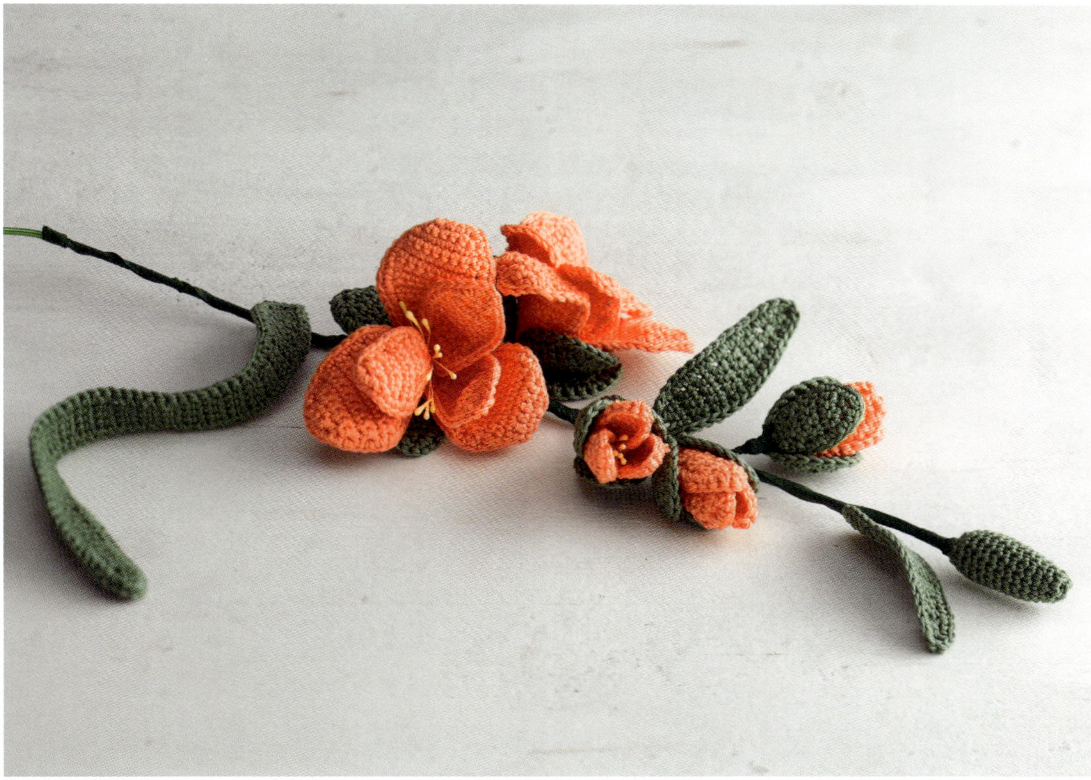

Gladiolen-Knospe (3x)

Für eine Gladiolen-Knospe wie folgt arbeiten:

Inneres Knospen-Blatt (3x)

Die inneren Knospen-Blätter mit fM in R häkeln. Jede R beginnt mit 1 Wende-Lm.
Mit Häkelnd 2,25 mm in Scampi 1 Lm und 1 Wende-Lm anschl.
1. R: In die Anfangs-Lm 2 fM häkeln.
2. R: Jede fM verdoppeln (= 4 M).
3.-8. R: Jeweils 4 fM häkeln
9. R: Immer 2 fM zusammen abmaschen (= 2 M).
10. R: 2 fM häkeln.
Nun ein ca. 15 cm langes Stück Blumenwickeldraht in Silber an den äußeren Rand des inneren Knospen-Blatts legen. Das Knospen-Blatt mit fM in Scampi umhäkeln, dabei den Draht mit umhäkeln und in die Spitze des Knospen-Blatts 3 fM häkeln.
Ist das Knospen-Blatt fertig umhäkelt, den Faden ca. 10 cm lang abschneiden. Die beiden Drahtenden miteinander verdrehen und mit dem Seitenschneider ca. 5 cm lang abknipsen. Anschließend den Faden mit der Wollnadel vernähen und abschneiden.

Äußeres Knospen-Blatt (3x)

Die äußeren Knospen-Blätter mit fM in R häkeln. Jede R beginnt mit 1 Wende-Lm.
Mit Häkelnd 2,25 mm in Khaki 1 Lm und 1 Wende-Lm anschl.
1. R: In die Anfangs-Lm 3 fM häkeln.
2. R: Die 1. und die letzte fM verdoppeln (= 5 M).
3.-6. R: Jeweils 5 fM häkeln.
7. R: Die ersten und die letzten 2 fM zusammen abmaschen (= 3 M).
8. R: 3 fM häkeln.
Nun ein ca. 20 cm langes Stück Blumenwickeldraht in Grün an den äußeren Rand des äußeren Knospen-Blatts legen. Das Knospen-Blatt mit fM in Khaki umhäkeln, dabei den Draht mit umhäkeln und in die Spitze des Knospen-Blatts 3 fM häkeln.
Ist das Knospen-Blatt fertig umhäkelt, den Faden ca. 10 cm lang abschneiden. Die beiden Drahtenden miteinander verdrehen und mit dem Seitenschneider ca. 5 cm lang abknipsen. Anschließend den Faden mit der Wollnadel vernähen und abschneiden.

Fertigstellen Gladiolen-Knospe

Ein inneres Knospen-Blatt von einer Seite her einrollen, dann die beiden anderen inneren Knospen-Blätter um dieses Knospen-Blatt legen und die Drahtenden der 3 Knospen-Blätter miteinander verdrehen.
Die 3 äußeren Knospen-Blätter versetzt unten um die inneren Knospen-Blätter legen und alle Drahtenden miteinander verdrehen.
Alle Drähte zusammen mit Blumenkreppband umwickeln.

Kurzes Blatt (2x)

Das Blatt mit fM in R häkeln. Jede R beginnt mit 1 Wende-Lm.
Mit Häkelnd 2,25 mm in Khaki 1 Lm und 1 Wende-Lm anschl.
1. R: In die Anfangs-Lm 2 fM häkeln.
2.-4. R: Jeweils 2 fM häkeln.
5. R: Jede fM verdoppeln (= 4 M).
6.-15. R: Jeweils 4 fM häkeln.
16. R: Immer 2 fM zusammen abmaschen (= 2 M).

Nun ein ca. 45 cm langes Stück Blumenwickeldraht in Grün an den äußeren Rand des Blatts legen. Das Blatt mit fM in Khaki umhäkeln, dabei den Draht mit umhäkeln und in die Spitze des Blatts 3 fM häkeln.

Ist das Blatt fertig umhäkelt, den Faden ca. 10 cm lang abschneiden. Die beiden Drahtenden miteinander verdrehen und mit dem Seitenschneider ca. 5 cm lang abknipsen. Anschließend den Faden mit der Wollnadel vernähen und abschneiden.

Langes Blatt

Das Blatt mit fM in R häkeln. Jede R beginnt mit 1 Wende-Lm.

Mit Häkelnd 2,25 mm in Khaki 1 Lm und 1 Wende-Lm anschl.

1. R: In die Anfangs-Lm 2 fM häkeln.

2.-6. R: Jeweils 2 fM häkeln.

7. R: Jede fM verdoppeln (= 4 M).

8.-62. R: Jeweils 4 fM häkeln.

63. R: Immer 2 fM zusammen abmaschen (= 2 M).

Nun ein ca. 60 cm langes Stück Blumenwickeldraht in Grün an den äußeren Rand des Blatts legen. Das Blatt mit fM in Khaki umhäkeln, dabei den Draht mit umhäkeln und in die Spitze des Blatts 3 fM häkeln.

Ist das Blatt fertig umhäkelt, den Faden ca. 10 cm lang abschneiden. Die beiden Drahtenden miteinander verdrehen und mit dem Seitenschneider ca. 5 cm lang abknipsen. Anschließend den Faden mit der Wollnadel vernähen und abschneiden.

Knospe

Die Knospe mit fM in Rd häkeln. Jede Rd mit 1 Km schließen.

Mit Häkelnd 2,25 mm in Khaki 2 Lm anschl.

1. Rd: 4 fM in die 2. Lm von der Häkelnd aus häkeln und mit 1 Km zur Rd schließen.

2. Rd: Jede fM verdoppeln (= 8 M).

3. Rd: 8 fM häkeln.

4. Rd: Jede 2. fM verdoppeln (= 12 M).

5.-13. Rd: Jeweils 12 fM häkeln.

14. Rd: Immer 2 fM zusammen abmaschen (= 6 M).

Die Arbeit beenden und den Faden ca. 10 cm lang abschneiden.

Fertigstellen

Ein Stück Stieldraht mit etwas Füllwatte umwickeln und in die Knospe schieben. Dann die Knospe weiter mit Füllwatte ausstopfen, bis sie sich schön fest anfühlt. Anschließend die Öffnung der Knospe mit dem Faden zunähen und der Faden abschneiden.

Den Rest des Stieldrahts mit einem gleich langen Stück Aluminiumdraht verstärken und beide zusammen von der Knospe an dicht mit Blumenkreppband umwickeln.

Nun von oben nach unten versetzt zueinander zuerst die Gladiolen-Knospen und die kurzen Blätter, dann die Gladiolen-Blüten und zuletzt das lange Blatt an den Stiel anlegen und jeweils die Drahtenden zusammen mit dem Stiel dicht mit Blumenkreppband umwickeln.

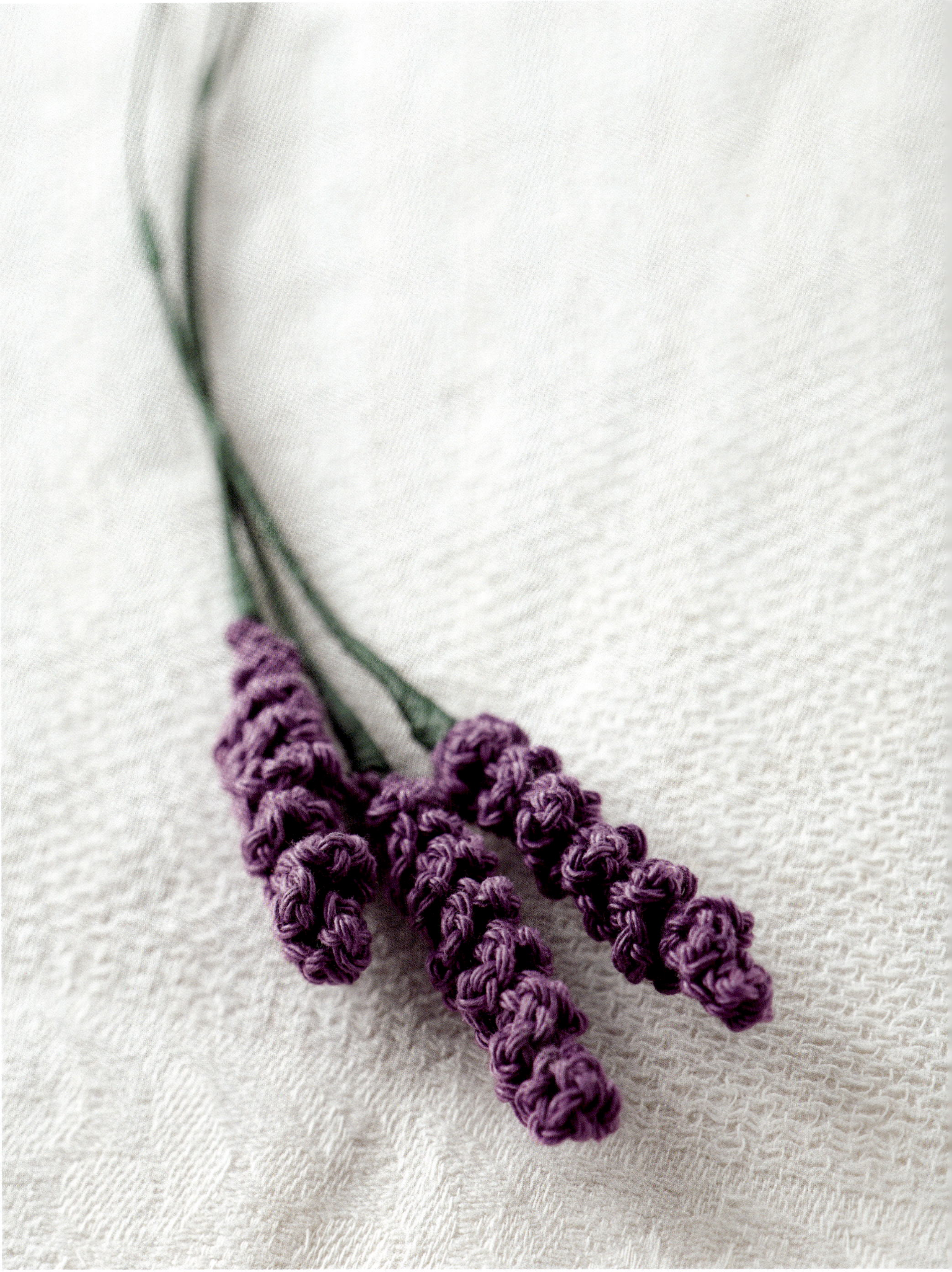

Lavendel

SCHWIERIGKEIT 1

GRÖSSE

Blüte: ca. 7 cm lang, 1 cm breit
Fertiger Lavendel: ca. 23 cm hoch (inkl. Draht)

MATERIAL

Schachenmayr Catania (LL 125 g/50 g) in Violett (Fb 113), Rest

Häkelnadel 2,25 mm

Stieldraht in Grün, ø 0,8 mm

Blumenkreppband in Grün, 12 mm breit

Schere

Seitenschneider

Klebstoff

ANLEITUNG

Lavendelblüten
Mit Häkelnd 2,25 mm in Violett 21 Lm und 4 Wende-Lm anschl.
1. R: 1 Km in die 5. Lm von der Häkelnd aus häkeln, * 4 Lm häkeln und eine Km in die nächste Lm des Lm-Anschlags arb, ab * stets wdh, bis alle Lm behäkelt sind.
Faden abschneiden und vernähen.

Fertigstellen
An die Spitze eines Stücks Stieldraht etwas Klebstoff geben und den Anfang der Lavendelblüten ankleben. Wenn der Klebstoff hier getrocknet ist, weiter immer ein Stück des Stieldrahts mit Klebstoff bestreichen und die Lavendelblüten spiralförmig um den Stieldraht ankleben.
Zum Schluss den Rest des Stieldrahts dicht mit Blumenkreppband umwickeln.

Calla

SCHWIERIGKEIT 1

GRÖSSE

Blüte: ca. 12 cm lang, ø ca. 9 cm
Fertige Calla: ca. 23 cm hoch
(inkl. Draht)

MATERIAL

Schachenmayr Catania (LL 125 g/50 g) in Weiß (Fb 106), Löwenzahn (Fb 280) und Moos (Fb 412), Reste

Häkelnadel 2,25 mm

Blumenwickeldraht in Silber und Grün, ø 0,35 mm

Stieldraht in Grün, ø 0,8 mm

Blumenkreppband in Grün, 12 mm breit

Wollnadel

Schere

Seitenschneider

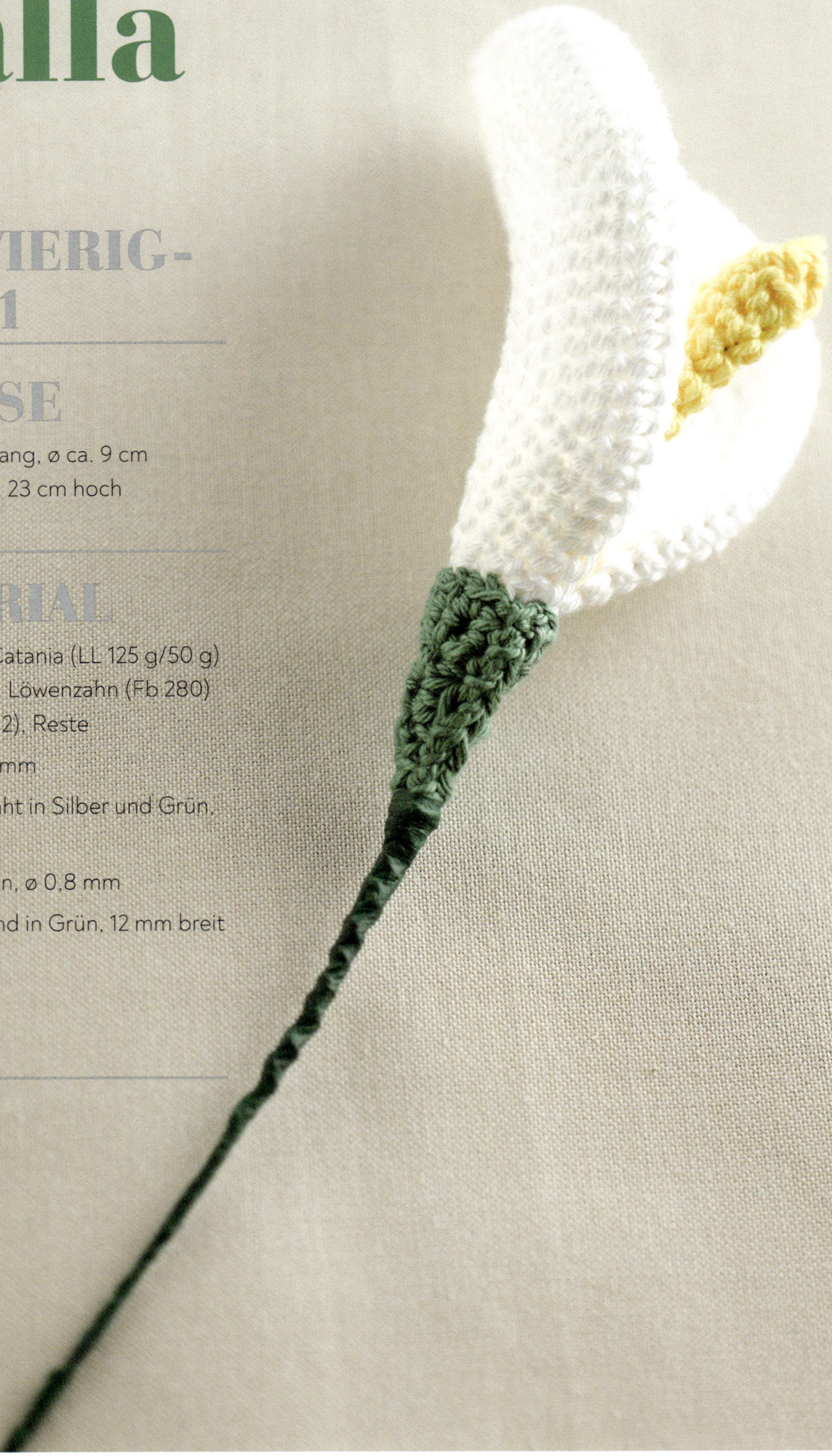

ANLEITUNG

Blütenblatt

Das Blütenblatt mit fM in Rd häkeln. Jede Rd mit 1 Km schließen.

Mit Häkelnd 2,25 mm in Weiß 2 Lm anschl.

1. Rd: 8 fM in die 2. Lm von der Häkelnd aus häkeln und mit 1 Km zur Rd schließen.

2. Rd: Jede fM verdoppeln (= 16 M).

3. Rd: Jede 2. fM verdoppeln (= 24 M).

4. Rd: Jede 3. fM verdoppeln (= 32 M).

5. Rd: Jede 4. fM verdoppeln (= 40 M).

6. Rd: Jede 5. fM verdoppeln (= 48 M).

7. Rd: Jede 6. fM verdoppeln (= 56 M).

8. Rd: Jede 7. fM verdoppeln (= 64 M).

9. Rd: Jede 8. fM verdoppeln (= 72 M).

10. Rd: Jede 9. fM verdoppeln (= 80 M).

Ein ca. 60 cm langes Stück Blumenwickeldraht in Silber an den äußeren Rand des Blütenblatts legen. Wie folgt weiterhäkeln, dabei stets den Draht mit umhäkeln:

11. Rd: 36x je 1 fM in die M der Vor-Rd; je 1 hStb in die nächsten 2 M, 1 Stb in die folgende M, [1 Stb, 1 DStb, 1 Stb] in die folgende M, je 1 hStb in die nächsten 2 M und je 1 fM in die folgenden 37 M.

Die Arbeit beenden und den Faden ca. 10 cm lang abschneiden.

Die beiden Drahtenden miteinander verdrehen und mit dem Seitenschneider ca. 5 cm lang abknipsen.

Blütenstempel

Den Blütenstempel mit fM in Rd häkeln. Jede Rd mit 1 Km schließen.

Mit Häkelnd 2,25 mm in Löwenzahn 2 Lm anschl.

1. Rd: 6 fM in die 2. Lm von der Häkelnd aus häkeln und mit 1 Km zur Rd schließen.

2.-11. Rd: Jeweils 6 fM häkeln.

Die Arbeit beenden und den Faden ca. 10 cm lang abschneiden.

Ein Stück Stieldraht in den Blütenstempel schieben und die Öffnung des Blütenstempels mit dem Faden sehr gut vernähen.

Blütenkelch

Den Blütenkelch mit fM in R häkeln. Jede R beginnt mit 1 Wende-Lm.

Mit Häkelnd 2,25 mm in Moos 1 Lm und 1 Wende-Lm anschl.

1. R: In die Anfangs-Lm 3 fM häkeln.

2. R: Die 1. und die letzte fM verdoppeln (= 5 M).

3. R: 5 fM häkeln.

4. R: Die 1. und die letzte fM verdoppeln (= 7 M).

5. R: Die 1. und die letzte fM verdoppeln (= 9 M).

6. R: 9 fM häkeln.

Nun ein ca. 15 cm langes Stück Blumenwickeldraht in Grün an den äußeren Rand des Blütenkelchs legen. Den Blütenkelch mit fM in Moos umhäkeln, dabei den Draht mit umhäkeln und in die Spitze des Blütenkelchs 3 fM häkeln.

Ist der Blütenkelch fertig umhäkelt, den Faden ca. 10 cm lang abschneiden. Die beiden Drahtenden miteinander verdrehen und mit dem Seitenschneider ca. 5 cm lang abknipsen. Anschließend den Faden mit der Wollnadel vernähen und abschneiden.

Blatt (optional)

Das Blatt mit fM in R häkeln. Jede R beginnt mit 1 Wende-Lm.

Mit Häkelnd 2,25 mm in Moos 1 Lm und 1 Wende-Lm anschl.

1. R: In die Anfangs-Lm 2 fM häkeln.
2. R: 2 fM häkeln.
3. R: Jede fM verdoppeln (= 4 M).
4.+5. R: Jeweils 4 fM häkeln
6. R: Die 1. und die letzte fM verdoppeln (= 6 M).
7. R: 6 fM häkeln.
8. R: Die 1. und die letzte fM verdoppeln (= 8 M).
9.-11. R: Jeweils 8 fM häkeln.
12. R: Die 1. und die letzte fM verdoppeln (= 10 M).
13.-22. R: Jeweils 10 fM häkeln.
23. R: 2x 2 fM zusammen abmaschen, 2 Km, 2x 2 fM zusammen abmaschen (= 6 M).
24. R: 2 fM, 2 Km, 2 fM häkeln.

Nun ein ca. 40 cm langes Stück Blumenwickeldraht in Grün an den äußeren Rand des Blatts legen. Das Blatt mit fM in Moos umhäkeln, dabei den Draht mit umhäkeln und in die Spitze des Blatts 3 fM häkeln.

Ist das Blatt fertig umhäkelt, den Faden ca. 10 cm lang abschneiden. Die beiden Drahtenden miteinander verdrehen und mit dem Seitenschneider ca. 5 cm lang abknipsen. Anschließend den Faden mit der Wollnadel vernähen und abschneiden.

Fertigstellen

Das Blütenblatt um den Blütenstempel legen, sodass der Blütenstempel am unteren Ende des Blütenblatts herausschaut (siehe Foto). Mit Hilfe des Drahts kann das Blütenblatt schön in Form gebogen werden.

Dann den Blütenkelch wie einen Trichter um den unteren Teil des Blütenblatts und um den Stieldraht legen und festnähen.

Nun den gesamten Stiel ab dem Blütenkelch dicht mit Blumenkreppband umwickeln.

Die Drahtenden des Blatts am Stiel anlegen und zusammen mit dem Stiel dicht mit Blumenkreppband umwickeln.

Margerite

SCHWIERIG-KEIT 3

GRÖSSE

Blüte: ø ca. 7 cm
Blatt: 6 cm lang, 3 cm breit
Fertige Margerite: ca. 24 cm hoch (inkl. Draht)

MATERIAL

Schachenmayr Catania (LL 125 g/50 g) in Löwenzahn (Fb 280), Khaki (Fb 212) und Weiß (Fb 106), Reste

Häkelnadel 2,25 mm

Blumenwickeldraht in Grün, ø 0,35 mm

Stieldraht in Grün, 0,8 mm stark

Blumenkreppband in Grün, 12 mm breit

Füllwatte

Wollnadel

Schere

Seitenschneider

Heißkleber

ANLEITUNG

Blütenmitte

Die Blütenitte mit fM in Rd häkeln. Jede Rd mit 1 Km schließen.
Mit Häkelnd 2,25 mm in Löwenzahn 2 Lm anschl.
1. Rd: 6 fM in die 2. Lm von der Häkelnd aus häkeln und mit 1 Km zur Rd schließen.
2. Rd: Jede fM verdoppeln (= 12 M).
3. Rd: Jede 2. fM verdoppeln (= 18 M).
4.+5. Rd: Jeweils 18 fM häkeln.
In Khaki weiterhäkeln.
6. Rd: Jede 2. und 3. fM zusammen abmaschen (= 12 M).
7. Rd: Immer 2 fM zusammen abmaschen (= 6 M).
Die Arbeit beenden und den Faden ca. 10 cm lang abschneiden.
Nun die Blütenmitte mit etwas Füllwatte ausstopfen und dann mit dem Faden zusammennähen.

Blütenblätter

Mit Häkelnd 2,25 mm in Weiß an der 5. Rd der Blütenmitte neu anschlingen und wie folgt häkeln:

1. Rd: * 5 Lm und 2 Lm als Ersatz für das 1. hStb häkeln, in die 3. Lm von der Häkelnd aus einstechen und 2 hStb in diese Lm arb, in die folgenden 2 Lm je 1 Stb, dann in die nächste Lm 1 hStb, in die kommende Lm 1 fM häkeln, 1 Km in die nächste M der 5. Rd der Blütenmitte, ab * stets wdh, bis die ganze Rd behäkelt ist.

Dann den Faden ca. 10 cm lang abschneiden und gut vernähen.

Blatt (2x)

Das Blatt mit fM in R häkeln. Jede R beginnt mit 1 Wende-Lm.

Mit Häkelnd 2,25 mm in Khaki 1 Lm und 1 Wende-Lm anschl.

1. R: In die Anfangs-Lm 2 fM häkeln.

2. R: 2 fM häkeln.

3. R: Jede fM verdoppeln (= 4 M).

4. R: 4 fM häkeln.

5. R: Die 1. und die letzte fM verdoppeln (= 6 M).

6.-9. R: Jeweils 6 fM häkeln.

10. R: Die ersten und die letzten 2 fM zusammen abmaschen (= 4 M).

11. R: Immer 2 fM zusammen abmaschen (= 2 M).

12.-14. R: Jeweils 2 fM häkeln.

Nun ein ca. 15 cm langes Stück Blumenwickeldraht in Grün an den äußeren Rand des Blatts legen. Das Blatt mit fM in Khaki umhäkeln, dabei den Draht mit umhäkeln und in die Spitze des Blatts 3 fM häkeln.

Ist das Blatt fertig umhäkelt, den Faden ca. 10 cm lang abschneiden. Die beiden Drahtenden miteinander verdrehen und mit dem Seitenschneider ca. 5 cm lang abknipsen. Anschließend den Faden mit der Wollnadel vernähen und abschneiden.

Fertigstellen

Ein Stück Stieldraht von unten in die Blütenmitte schieben und mit etwas Heißkleber befestigen. Den gesamten Stieldraht dicht mit Blumenkreppband umwickeln.

Danach die Drahtenden der Blätter am Stiel der Blüte anlegen und ab der gewünschten Höhe die Drahtenden und den Stiel zusammen dicht mit Blumenkreppband umwickeln.

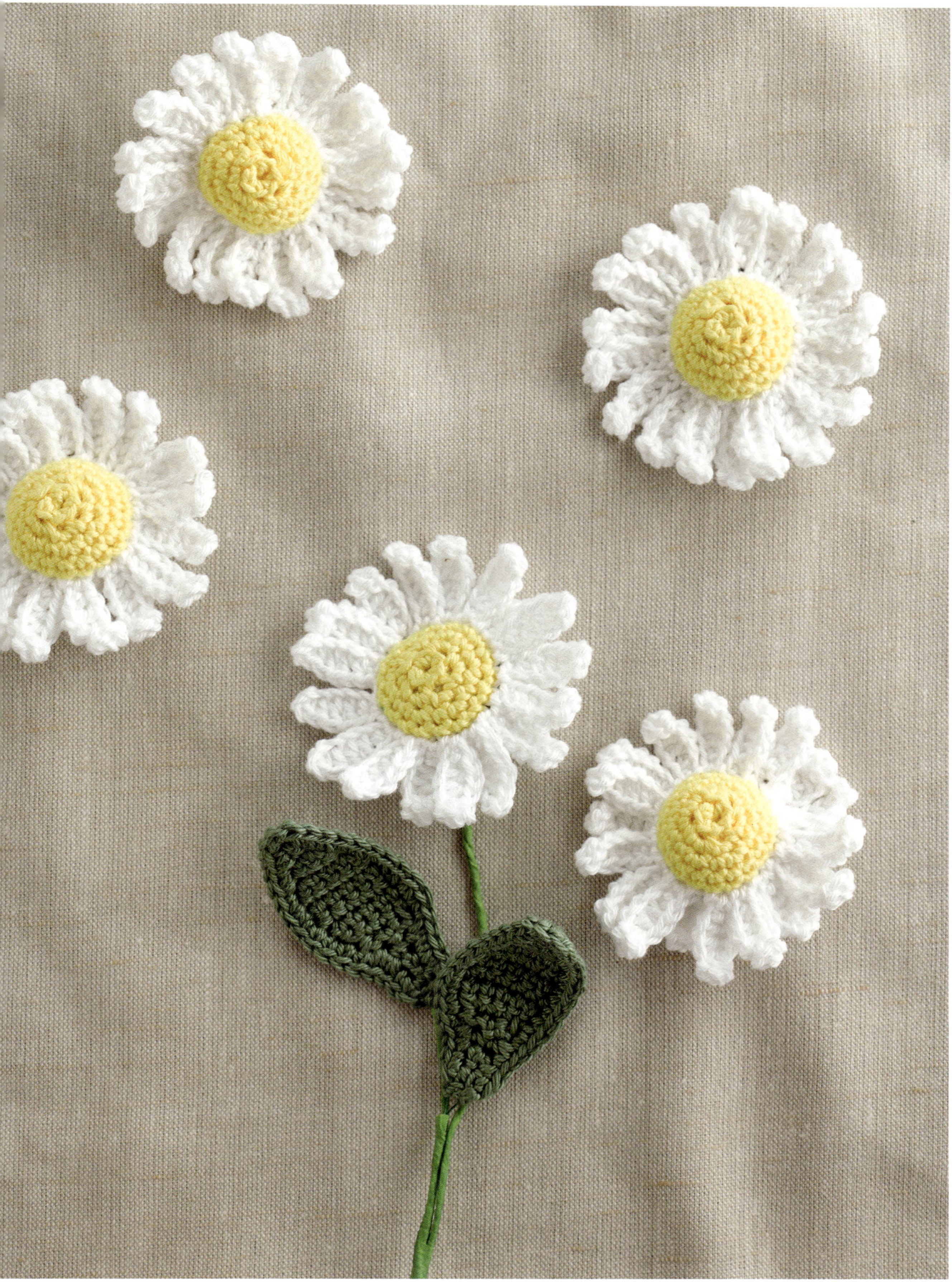

Anemone

SCHWIERIGKEIT 1

GRÖSSE

Blüte: ø ca. 11 cm
Fertige Anemone: ca. 23 cm hoch (inkl. Draht)

MATERIAL

- Schachenmayr Catania (LL 125 g/50 g) in Weiß (Fb 106), Schwarz (Fb 110) und Khaki (Fb 212), Reste
- Häkelnadel 2,25 mm
- Blumenwickeldraht in Silber, 0,35 mm
- Stieldraht in Grün, 0,8 mm
- Blumenkreppband in Grün, 12 mm breit
- Füllwatte
- Wollnadel
- Schere
- Seitenschneider
- Heißkleber

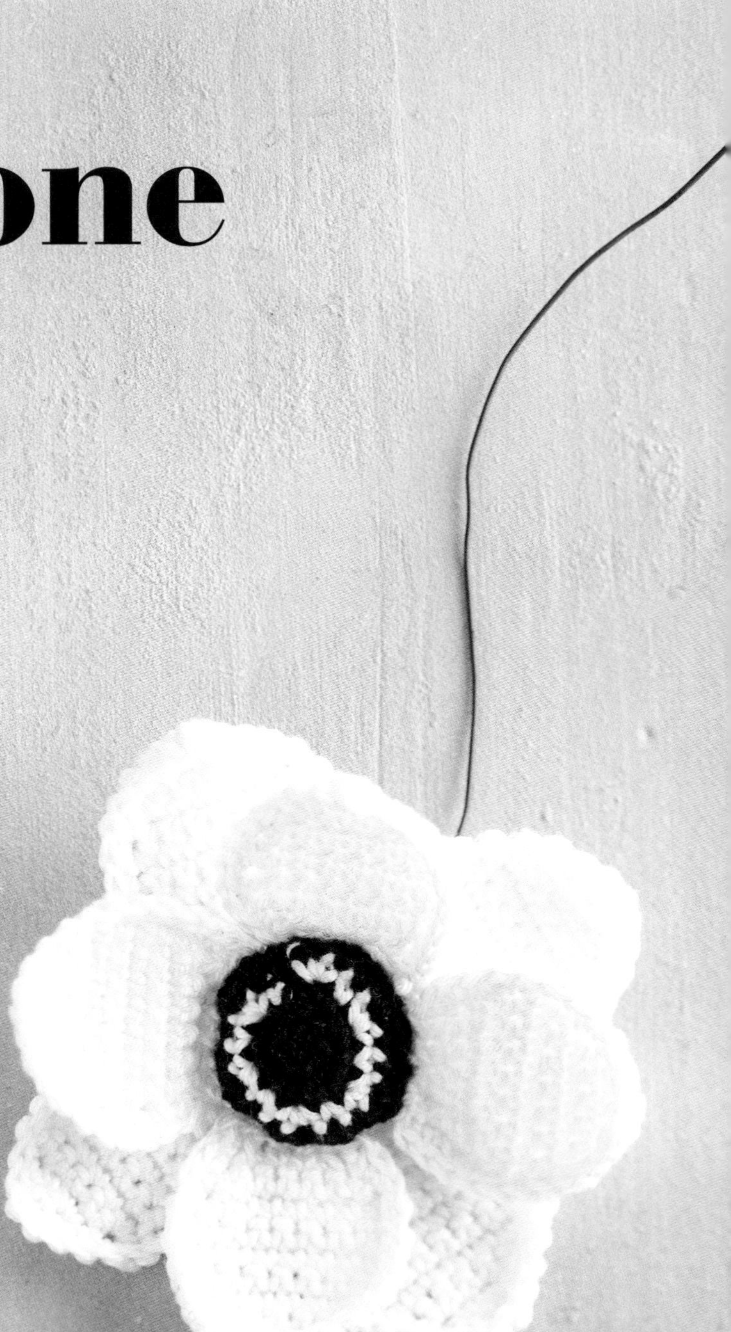

ANLEITUNG

Blütenmitte

Die Blütenmitte mit fM in Rd häkeln. Jede Rd mit 1 Km schließen.

Mit Häkelnd 2,25 mm in Schwarz 2 Lm anschl.

1. Rd: 6 fM in die 2. Lm von der Häkelnd aus häkeln und mit 1 Km zur Rd schließen.

2. Rd: Jede fM verdoppeln (= 12 M).

In Weiß weiterhäkeln.

3. Rd: Jede 2. fM verdoppeln (= 18 M).

In Schwarz weiterhäkeln.

4. Rd: Jede 3. fM verdoppeln (= 24 M).

5. Rd: 24 fM häkeln.

In Khaki weiterhäkeln.

6. Rd: Jede 3. und 4. fM zusammen abmaschen (= 18 M).

7. Rd: Jede 2. und 3. fM zusammen abmaschen (= 12 M).

8. Rd: Immer 2 fM zusammen abmaschen (= 6 M).

Die Arbeit beenden und den Faden ca. 10 cm lang abschneiden.

Nun die Blütenmitte mit etwas Füllwatte ausstopfen. Anschließend die Öffnung mit Hilfe des Fadens schließen, den Faden vernähen und abschneiden.

Blütenblatt (8x)

Die Blütenblätter mit fM in R häkeln. Jede R beginnt mit 1 Wende-Lm.

Mit Häkelnd 2,25 mm in Weiß 1 Lm und 1 Wende-Lm anschl.

1. R: In die Anfangs-Lm 2 fM häkeln.

2. R: Jede fM verdoppeln (= 4 M).

3. R: Die 1. und die letzte fM verdoppeln (= 6 M).

4. R: Die 1. und die letzte fM verdoppeln (= 8 M).

5.-8. R: Jeweils 8 fM häkeln.

9. R: Die ersten und die letzten 2 fM zusammen abmaschen (= 6 M).

10. R: Die ersten und die letzten 2 fM zusammen abmaschen (= 4 M).

Nun ein ca. 20 cm langes Stück Blumenwickeldraht in Silber an den äußeren Rand des Blütenblatts legen. Das Blütenblatt mit fM in Weiß umhäkeln, dabei den Draht mit umhäkeln.

Ist das Blütenblatt fertig umhäkelt, den Faden ca. 10 cm lang abschneiden. Die beiden Drahtenden miteinander verdrehen und mit dem Seitenschneider ca. 5 cm lang abknipsen. Anschließend den Faden mit der Wollnadel vernähen und abschneiden.

Fertigstellen

Die ersten 4 Blütenblätter kreuzweise (2 Blätter waagerecht und 2 Blätter senkrecht) an der 6. Rd der Blütenmitte annähen. Die restlichen 4 Blütenblätter dahinter und jeweils versetzt zwischen den ersten 4 Blütenblättern annähen.

Nun einen Stieldraht von unten mittig in die Blütenmitte schieben und mit etwas Heißkleber befestigen.

Anschließend den gesamten Stieldraht dicht mit Blumenkreppband umwickeln.

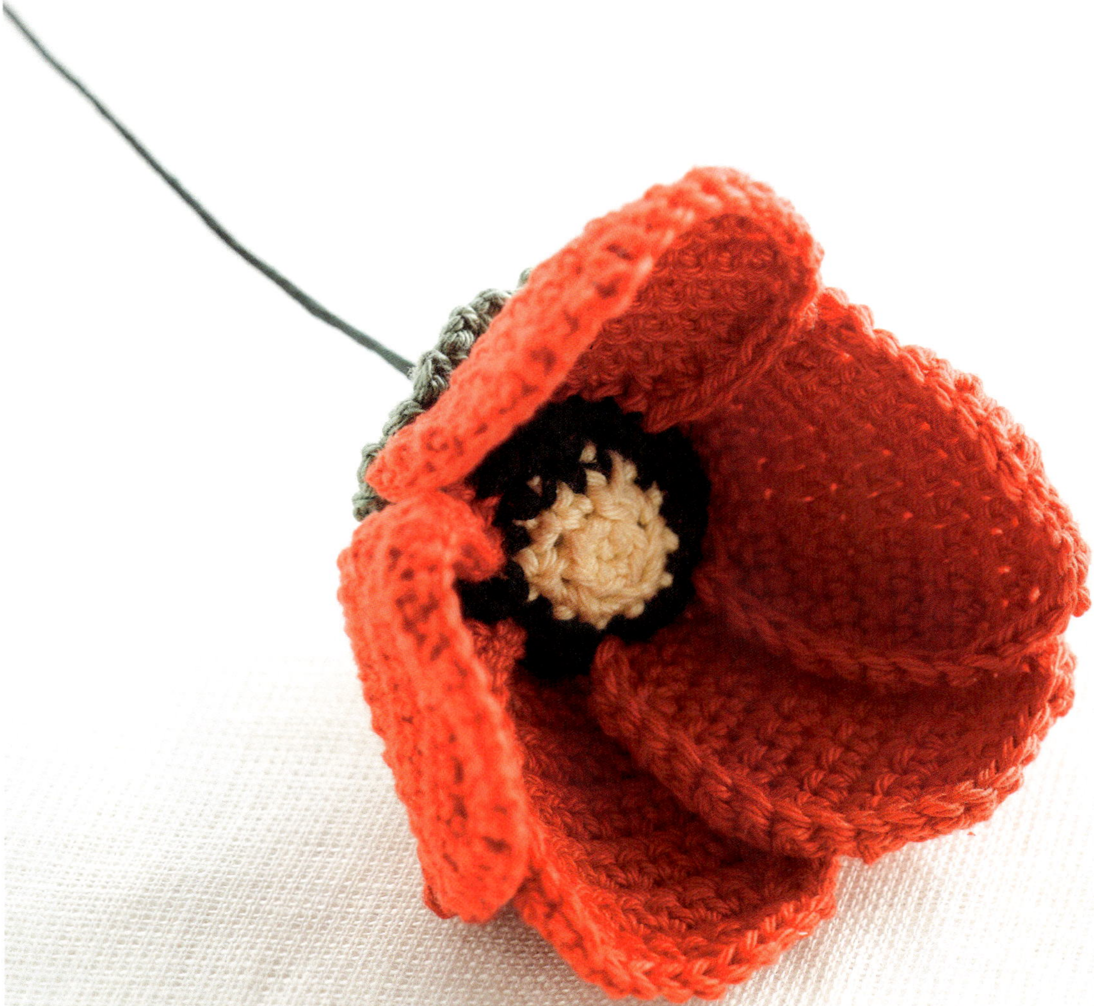

Mohn

SCHWIERIGKEIT 1

GRÖSSE

Blüte: ø ca. 12 cm
Fertiger Mohn: ca. 31 cm hoch (inkl. Draht)

MATERIAL

Schachenmayr Catania (LL 125 g/50 g) in Signalrot (Fb 115), Vanille (Fb 403), Schwarz (Fb 110) und Khaki (Fb 212), Reste

Häkelnadel 2,25 mm

Blumenwickeldraht in Rot, ø 0,35 mm

Stieldraht in Grün, ø 0,8 mm

Blumenkreppband in Grün, 12 mm breit

Füllwatte

Wollnadel

Schere

Seitenschneider

Heißkleber

ANLEITUNG

Blütenmitte

Die Blütenmitte mit fM in Rd häkeln. Jede Rd mit 1 Km schließen.
Mit Häkelnd 2,25 mm in Vanille 2 Lm anschl.
1. Rd: 6 fM in die 2. Lm von der Häkelnd aus häkeln und mit 1 Km zur Rd schließen.
2. Rd: Jede fM verdoppeln (= 12 M).
In Schwarz weiterhäkeln.
3. Rd: Jede 2. fM verdoppeln (= 18 M).
4. Rd: Jede 3. fM verdoppeln (= 24 M).
5. Rd: 24 fM häkeln.
6. Rd: Jede 3. und 4. fM zusammen abmaschen (= 18 M).
7. Rd: Jede 2. und 3. fM zusammen abmaschen (= 12 M).
8. Rd: Immer 2 fM zusammen abmaschen (= 6 M).
Die Arbeit beenden und den Faden ca. 10 cm lang abschneiden.
Nun die Blütenmitte mit etwas Füllwatte ausstopfen. Anschließend die Öffnung mit Hilfe des Fadens schließen, den Faden vernähen und abschneiden.

Kelch

Den Kelch mit fM in Rd häkeln. Jede Rd mit 1 Km schließen.

Mit Häkelnd 2,25 mm in Khaki 2 Lm anschl.

1. Rd: 6 fM in die 2. Lm von der Häkelnd aus häkeln und mit 1 Km zur Rd schließen.

2. Rd: Jede fM verdoppeln (= 12 M).

3. Rd: Jede 2. fM verdoppeln (= 18 M).

4. Rd: Jede 3. fM verdoppeln (= 24 M).

Die Arbeit beenden, den Faden vernähen und abschneiden.

Blütenblatt (5x)

Die Blütenblätter mit fM in R häkeln. Jede R beginnt mit 1 Wende-Lm.

Mit Häkelnd 2,25 mm in Signalrot 4 Lm und 1 Wende-Lm anschl.

1. R: Die 1. und die letzte fM verdoppeln (= 6 M).

2. R: Die 1. und die letzte fM verdoppeln (= 8 M).

3. R: 8 fM häkeln.

4. R: Die 1. und die letzte fM verdoppeln (= 10 M).

5. R: Die 1. und die letzte fM verdoppeln (= 12 M).

6.-8. R: Jeweils 12 fM häkeln.

9. R: Die ersten und die letzten 2 fM zusammen abmaschen (= 10 M).

10. R: 10 fM häkeln.

11. R: Die ersten und die letzten 2 fM zusammen abmaschen (= 8 M).

12. R: Die ersten und die letzten 2 fM zusammen abmaschen (= 6 M).

Nun ein ca. 20 cm langes Stück Blumenwickeldraht in Rot an den äußeren Rand des Blütenblatts legen. Das Blütenblatt mit fM in Signalrot umhäkeln, dabei den Draht mit umhäkeln und in die 4 Anfangs-Lm jeweils 2 fM häkeln.

Ist das Blütenblatt fertig umhäkelt, den Faden ca. 10 cm lang abschneiden. Die beiden Drahtenden miteinander verdrehen und mit dem Seitenschneider ca. 5 cm lang abknipsen.

Fertigstellen

Ein Stück Stieldraht mittig von unten in die Blütenmitte stecken und mit Heißkleber befestigen. Die 5 Blütenblätter einander leicht überlappend rund um die Blütenmitte platzieren und die Drahtenden miteinander verdrehen. Die Blütenblätter mit ihren Fäden unten an der Blütenmitte annähen und dann hochbiegen.

Den Kelch auf den Stieldraht ziehen, bis zu den Blütenblättern hochschieben und mit Heißkleber ankleben.

Die Drahtenden der Blütenblätter zusammen mit dem Stieldraht und anschließend den gesamten Stieldraht dicht mit Blumenkreppband umwickeln.

Iris

SCHWIERIGKEIT 3

GRÖSSE

Blüte: ca. 9 cm hoch, ø ca. 10 cm (leicht geöffnet)

Blatt: ca. 24 cm lang, ca. 3 cm breit

Fertige Iris: ca 38 cm hoch (inkl. Draht)

MATERIAL

Schachenmayr Catania (LL 125 g/50 g) in Royal (Fb 201), Löwenzahn (Fb 280) und Khaki (Fb 412), Reste

Häkelnadel 2,25 mm

Blumenwickeldraht in Silber und Grün, ø 0,35 mm

Stieldraht in Grün, 0,8 mm stark

Blumenkreppband in Grün, 12 mm breit

Wollnadel

Schere

Seitenschneider

Heißkleber

ANLEITUNG

Blütenblatt (6x)

Die Blütenblätter mit fM in R häkeln. Jede R beginnt mit 1 Wende-Lm.

Mit Häkelnd 2,25 mm in Royal 2 Lm und 1 Wende-Lm anschl.

1. R: In jede Lm 2 fM häkeln (= 4 M).

2. R: Die 1. und die letzte fM verdoppeln (= 6 M).

3.-5. R: Jeweils 6 fM häkeln.

An dieser Stelle an beiden Seiten des Blütenblatts eine Markierung anbringen.

6. R: Die ersten und die letzten 2 fM zusammen abmaschen (= 4 M).

7.-14. R: Jeweils 4 fM häkeln.

15. R: Immer 2 fM zusammen abmaschen (= 2 M).

16. R: 2 fM häkeln.

Nun ein ca. 35 cm langes Stück Blumenwickeldraht in Silber an den äußeren Rand des Blütenblatts legen. Das Blütenblatt in Royal umhäkeln wie folgt, dabei den Draht mit umhäkeln: Das Blütenblatt bis zur 1. Markierung mit fM umhäkeln, ab der Markierung in jede Einstichstelle 3 hStb häkeln bis zur nächsten Markierung, danach wieder fM häkeln.

Ist das Blütenblatt fertig umhäkelt, den Faden ca. 10 cm lang abschneiden. Die beiden Drahtenden miteinander verdrehen und mit dem Seitenschneider ca. 5 cm lang abknipsen. Anschließend den Faden mit der Wollnadel vernähen und abschneiden.

Gelber Streifen (3x)

Mit Häkelnd 2,25 mm in Löwenzahn 10 Lm und 2 Lm als Ersatz für das 1. hStb anschl.

1. R: In die 3. Lm von der Häkelnd aus [1 hStb, 1 Lm, 2 hStb] häkeln, dann in jede weitere Lm 1 fM häkeln.

Die Arbeit beenden, den Faden vernähen und abschneiden.

Blütenkelch

Den Blütenkelch mit fM in Rd häkeln. Jede Rd mit 1 Km schließen.

Mit Häkelnd 2,25 mm in Khaki 6 Lm anschl und mit einer Km in die Anfangs-Lm zur Rd schließen.

1. Rd: 12 fM in den Ring häkeln (= 12 M).

2.+3. Rd: Jeweils 12 fM häkeln.

Die Arbeit beenden, den Faden vernähen und abschneiden.

Blatt

Das Blatt mit fM in R häkeln. Jede R beginnt mit 1 Wende-Lm.

Mit Häkelnd 2,25 mm in Khaki 1 Lm und 1 Wende-Lm anschl.

1. R: In die Anfangs-Lm 2 fM häkeln.

2. R: 2 fM häkeln.

3. R: Jede fM verdoppeln (= 4 M).

4.-53. R: Jeweils 4 fM häkeln.

Nun ein ca. 60 cm langes Stück Blumenwickeldraht in Grün an den äußeren Rand des Blatts legen. Das Blatt mit fM in Khaki umhäkeln, dabei den Draht mit umhäkeln und in die Spitze des Blatts 3 fM häkeln.

Ist das Blatt fertig umhäkelt, den Faden ca. 10 cm lang abschneiden. Die beiden Drahtenden miteinander verdrehen und mit dem Seitenschneider ca. 5 cm lang abknipsen. Anschließend den Faden mit der Wollnadel vernähen und abschneiden.

Fertigstellen

Auf 3 der Blütenblätter jeweils einen gelben Streifen nähen (siehe Foto).

Die 3 Blütenblätter ohne Streifen zum Dreieck zusammenlegen und die Drahtenden miteinander verdrehen. Dann die 3 Blütenblätter mit Streifen versetzt außen rund um die ersten 3 Blütenblätter legen und alle Drahtenden miteinander verdrehen.

Ein Stück Stieldraht unten an die Blüte legen, mit den Drahtenden der Blütenblätter verdrehen und mit etwas Heißkleber befestigen. Den Blütenkelch auf den Stieldraht ziehen und bis zu den Blütenblättern hochschieben. Alle Drahtenden und den Stieldraht zusammen und anschließend den gesamten Stieldraht dicht mit Blumenkreppband umwickeln.

Das Blatt am Stiel der Blüte anlegen und die Drahtenden zusammen mit dem Stieldraht dicht mit Blumenkreppband umwickeln.

Nun können die Blütenblätter in Form gebogen werden. Dafür die mittleren 3 Blütenblätter mit der breiten Seite nach innen biegen; die äußeren 3 Blütenblätter nach außen und unten biegen, sodass der gelbe Streifen sichtbar ist.

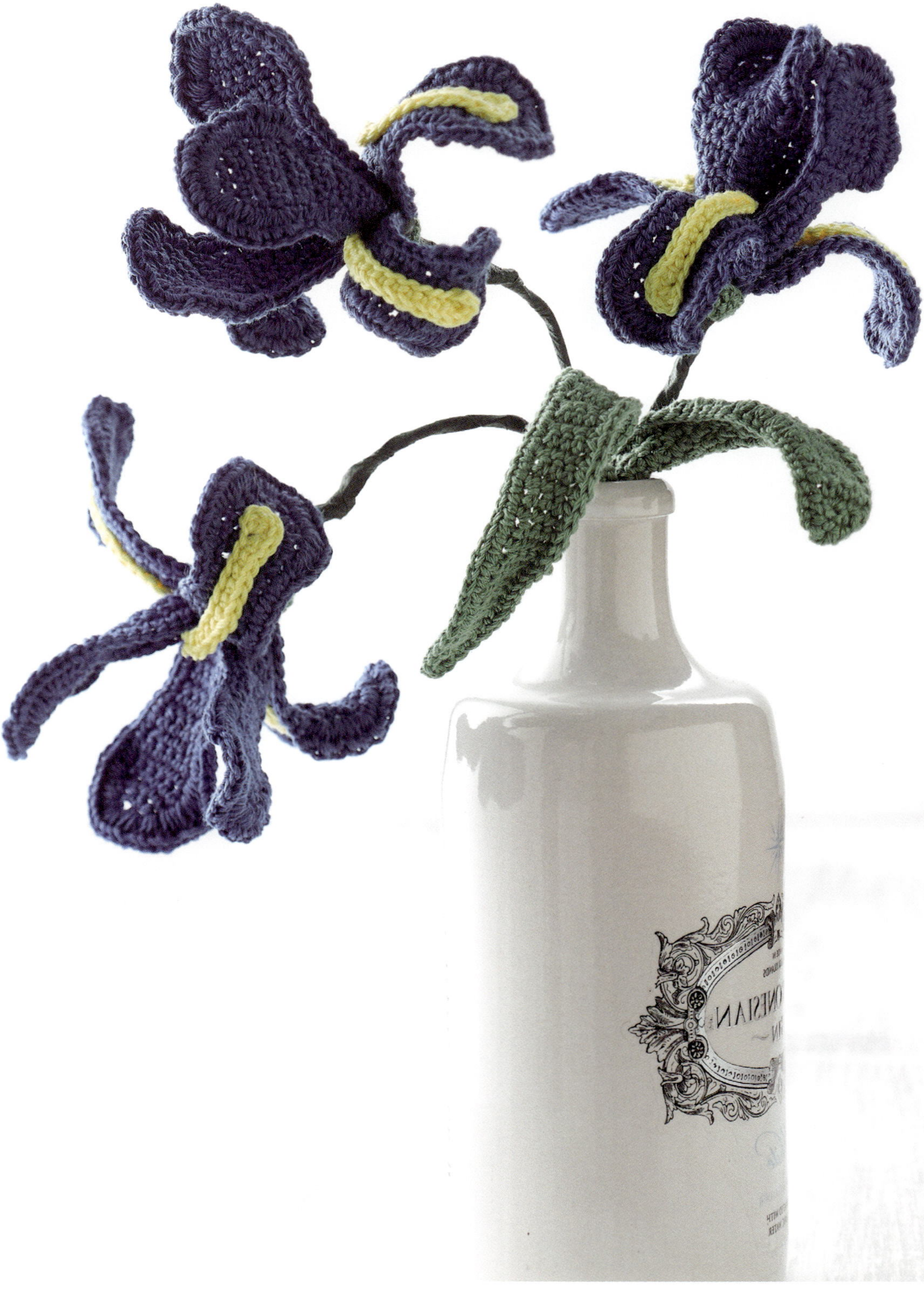

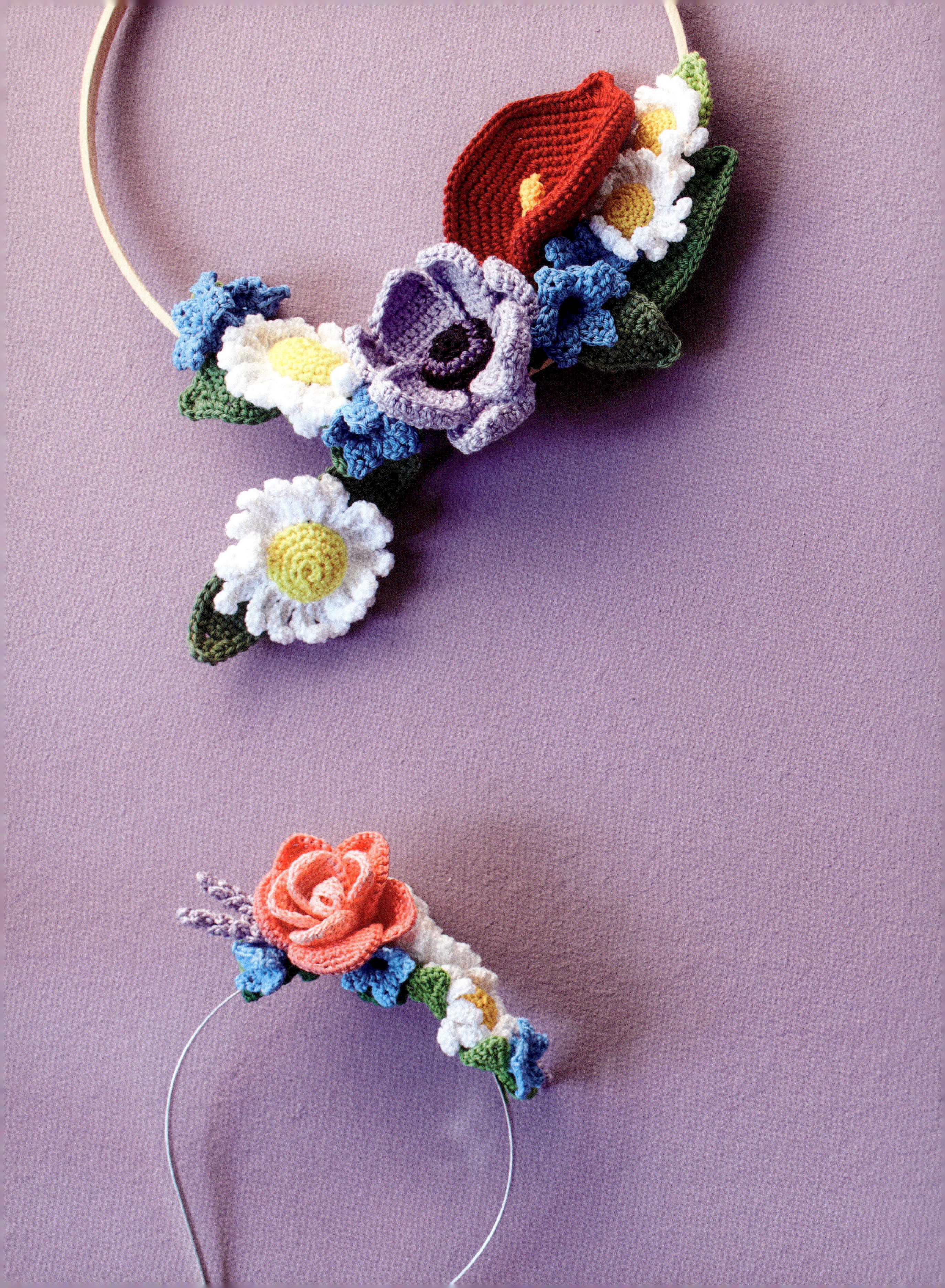

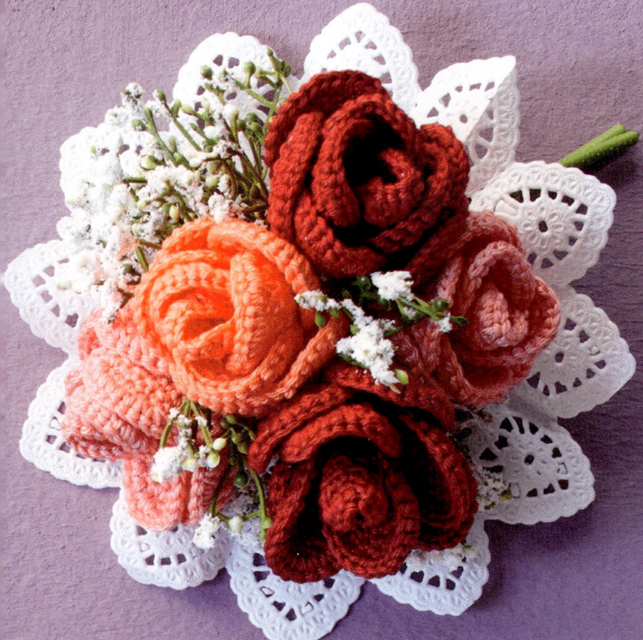

DEKO-LIEBE

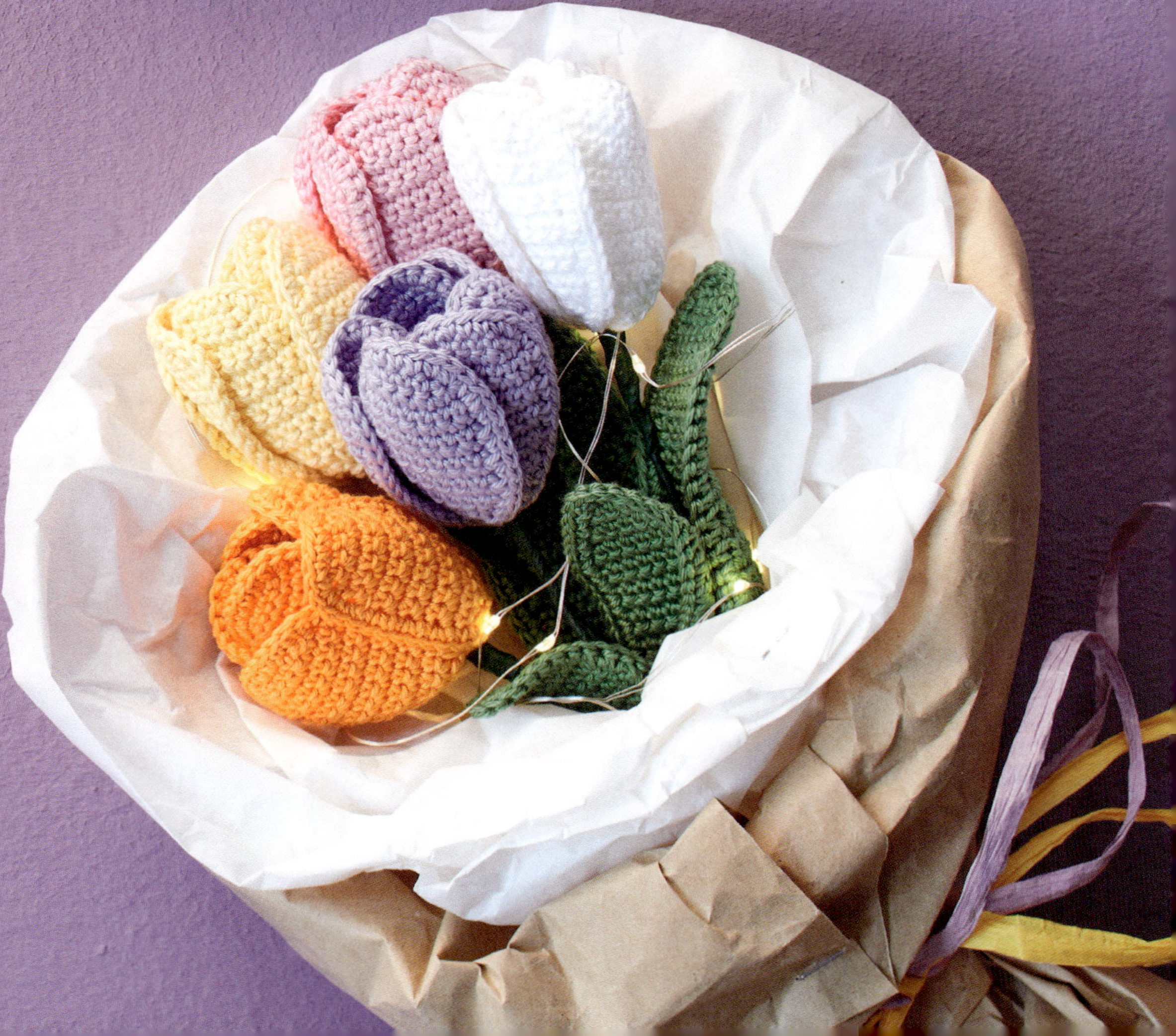

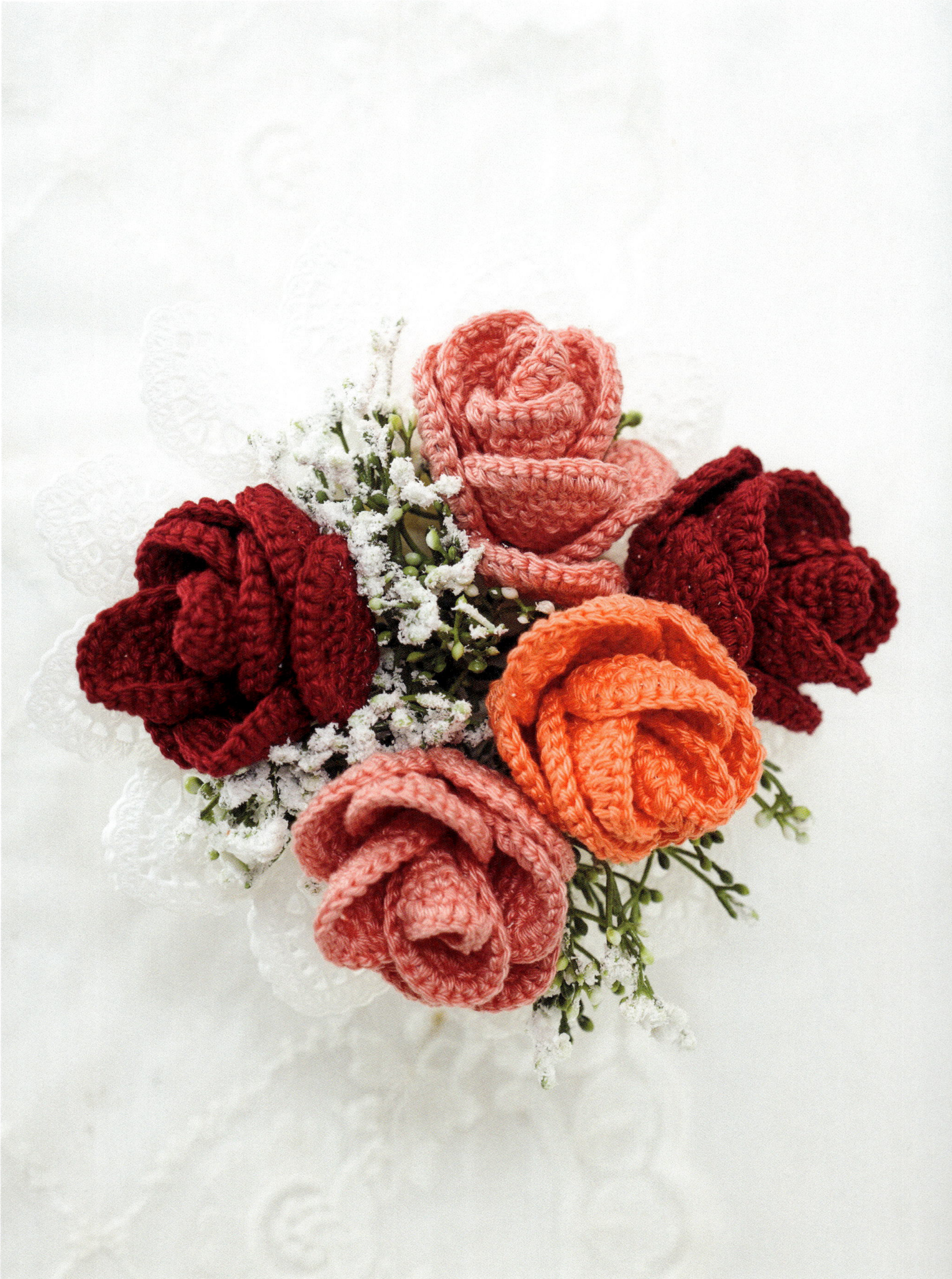

Biedermeier-sträußchen

SCHWIERIGKEIT 1

GRÖSSE

Strauß: ø ca. 16 cm, ca. 12 cm hoch

MATERIAL

Schachenmayr Catania (LL 125 g/50 g) in Orchidee (Fb 222), Dahlie (Fb 409) und Weinrot (Fb 192), je 50 g

Häkelnadel 2,25 mm

Blumenwickeldraht in Rot und Silber, ø 0,35 mm

Stieldraht in Grün, ø 0,8 mm

Blumenkreppband in Grün, 12 mm breit

Schleierkraut in Weiß, künstlich oder getrocknet

Biedermeiermanschette in Weiß, ø ca. 15 cm

Wollnadel

Schere

Seitenschneider

Heißkleber

ANLEITUNG

Mit Häkelnd 2,25 mm 2 Rosen in Orchidee, 2 Rosen in Weinrot und 1 Rose in Dahlie nach der Anleitung auf Seite 8 häkeln, dabei jedoch in die Blütenblätter der Rosen in Orchidee und der Rose in Dahlie Blumenwickeldraht in Silber und in die Blütenblätter der Rosen in Weinrot Blumenwickeldraht in Rot einarbeiten.

An jede Rosenblüte einen Stieldraht anlegen, mit den Drahtenden der Blütenblätter verdrehen und mit Heißkleber befestigen. Anschließend den gesamten Stieldraht dicht mit Blumenkreppband umwickeln.

Nun die Rosen mit dem Schleierkraut zu einem Strauß arrangieren, zusammenbinden und dann in eine Biedermeiermanschette schieben.

Zum Schluss den unteren Teil der Manschette und die herausschauenden Stiele nochmals zusammen mit Blumenkreppband umwickeln.

Sommer-strauß

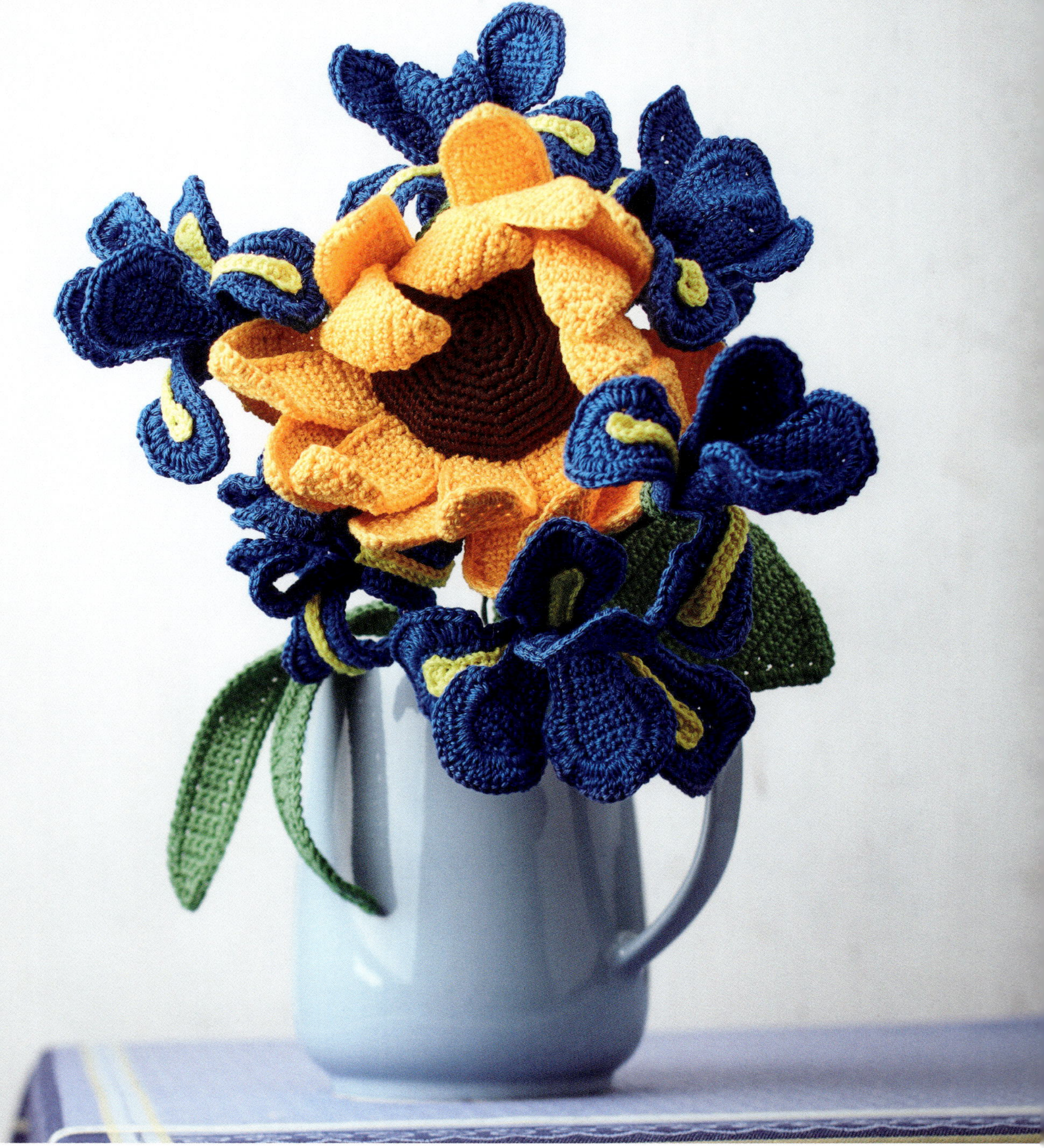

SCHWIERIGKEIT 3

GRÖSSE

Strauß: ø ca. 28 cm, ca. 45 cm hoch

MATERIAL

Häkelnadel 2,25 mm

Blumenwickeldraht in Grün, ø 0,35 mm

Stieldraht in Grün, ø 0,8 mm

Blumenkreppband in Grün, 12 mm breit

Wollnadel

Schere

Seitenschneider

Heißkleber

SONNENBLUME

Schachenmayr Catania (LL 125 g/50 g) in Sonne (Fb 208), 100 g, in Kaffee (Fb 162) und Moos (Fb 412), je 50 g

Blumenwickeldraht in Gold, ø 0,35 mm

Aluminiumdraht in Grün, ø 3 mm

IRIS

Schachenmayr Catania (LL 125 g/50 g) in Royal (Fb 201), 150 g, in Löwenzahn (Fb 280) und Moos (Fb 412), je 50 g

Blumenwickeldraht in Silber, ø 0,35 mm

ANLEITUNG

Eine Sonnenblume nach der Anleitung auf Seite 21 herstellen. Hier empfiehlt es sich, die Blätter der Sonnenblume glatt zu bügeln.
Nun 7x die Iris nach der Anleitung auf Seite 55 herstellen.
Als nächstes die Iris in einem Kreis um die Sonnenblume legen und das Ganze zu einem wunderschönen Strauß binden.

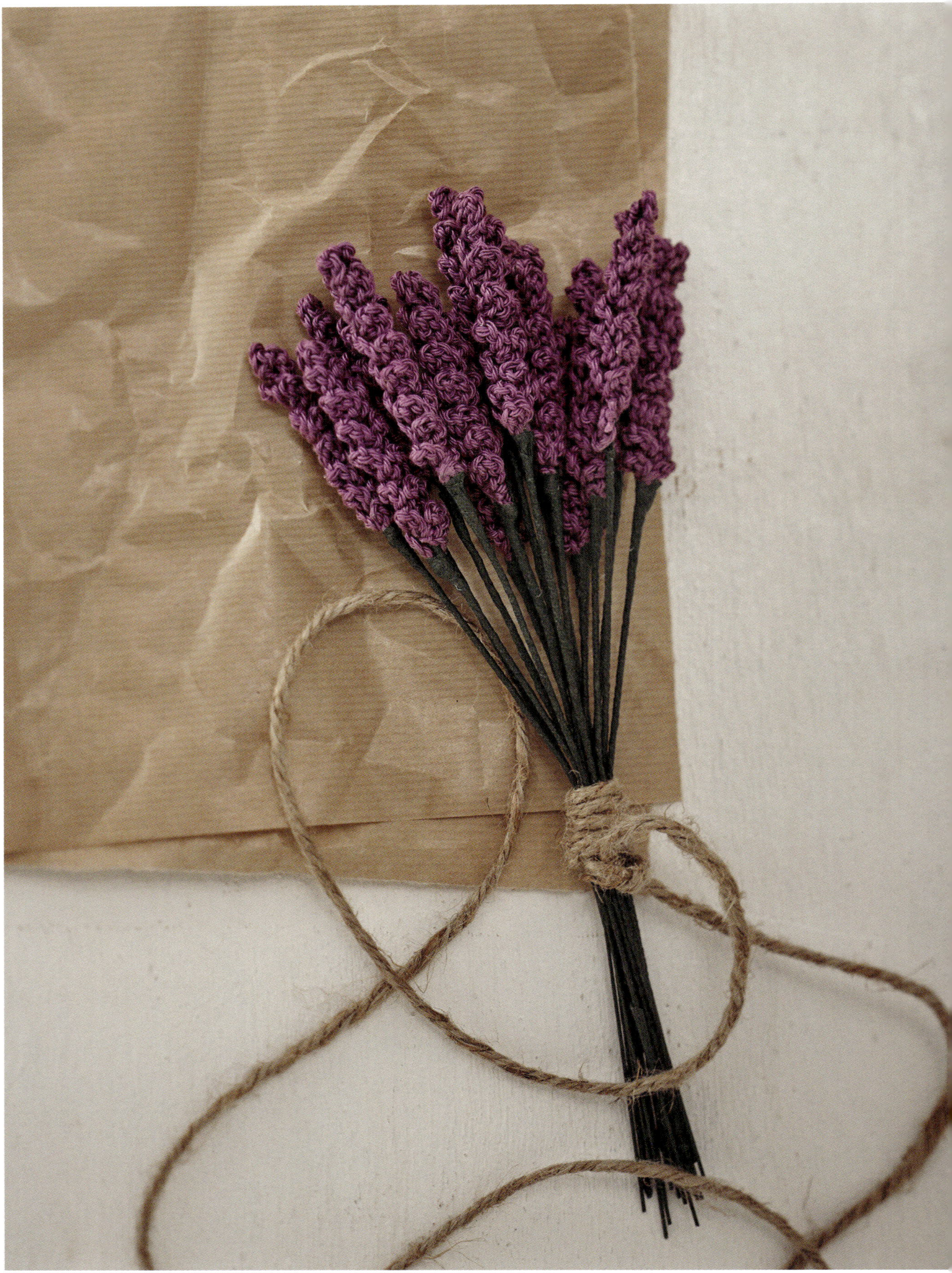

Lavendel-sträußchen

SCHWIERIG-KEIT 1

GRÖSSE

Strauß: ca. 25 cm hoch, ca. 9 cm breit

MATERIAL

Schachenmayr Catania (LL 125 g/50 g) in Violett (Fb 113), 50 g

Häkelnadel 2,25 mm

Stieldraht in Grün, 0,8 mm

Blumenkreppband in Grün, 12 mm breit

Wollnadel

Schere

Seitenschneider

Heißkleber

Paketband

ANLEITUNG

Mit Häkelnd 2,25 mm in Violett 9x (oder beliebig oft) den Lavendel nach der Anleitung von Seite 43 herstellen.

Ist die gewünschte Anzahl an Lavendelstielen erreicht, die Stiele zu einem Sträußchen binden und mit einer Schleife Paketband oder einem Schleifenband der Wahl dekorieren.

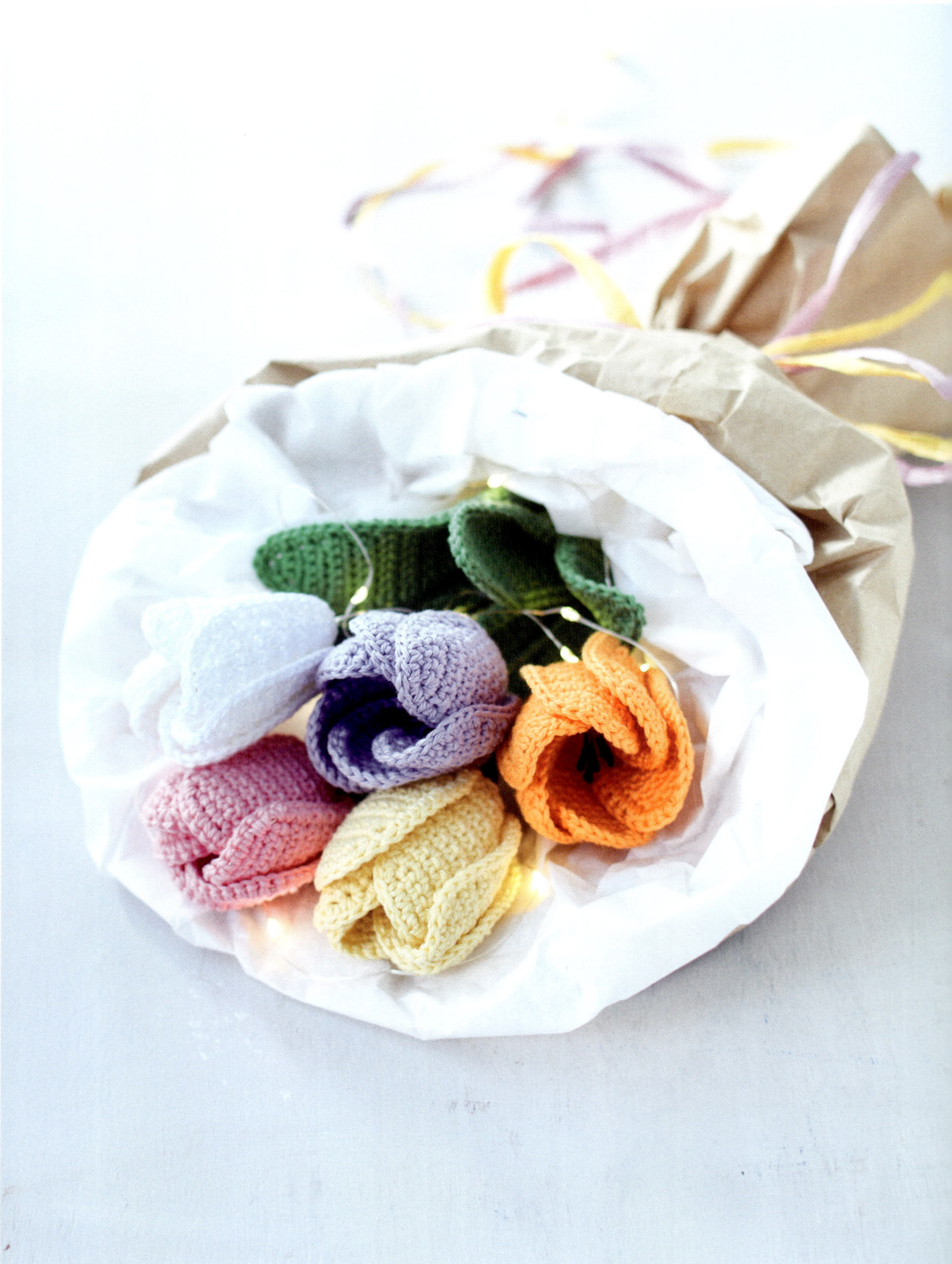

Tulpenstrauß

SCHWIERIGKEIT 2

GRÖSSE

Strauß: ø ca. 40 cm, ca. 30 cm hoch

MATERIAL

Schachenmayr Catania (LL 125 g/50 g) in Vanille (Fb 403), Mango (Fb 411), Lavendel (Fb 422), Orchidee (Fb 222), Weiß (Fb 106) und Moos (Fb 412), je 50 g

Häkelnadel 2,25 mm

Blumenwickeldraht in Silber, Gold und Grün, ø 0,35 mm

Stieldraht in Grün, ø 0,8 mm

Blumenkreppband in Grün, 12 mm breit

je Tulpe 5 Staubgefäße in Schwarz

Wollnadel

Schere

Seitenschneider

Heißkleber

Packpapier, 30 cm x 42 cm

Backpapier in Weiß, 30 cm x 42 cm

Lichterkette

Dekoband

ANLEITUNG

Mit Häkelnd 2,25 mm nach der Anleitung auf Seite 15 je eine Tulpe in Vanille, Mango, Lavendel, Orchidee und Weiß sowie für jede Tulpe ein Blatt häkeln. Die Tulpen wie in der Anleitung angegeben fertigstellen.

Als nächstes die Blumen zu einem schönen Strauß binden und mit einem unauffälligen Band umwickeln.

Wer möchte, kann den Tulpenstrauß auch noch in einen auf die genannten Maße zugeschnittenen Bogen Packpapier und Backpapier in Weiß einschlagen und eine Lichterkette im Inneren der Papiermanschette um den Strauß herum drapieren. Die Batterie dabei im unteren Teil des Bogens verschwinden lassen. Alles mit Dekoband fixieren.

Haarreif

SCHWIERIGKEIT 2

GRÖSSE

Haarreif: ca. 18 cm hoch, 12,5 cm breit
Haarspange: ca. 12 cm lang, 7 cm breit

MATERIAL

Häkelnadel 1,5 mm

1 Haarreif (Rohling)

Blumenwickeldraht in Silber und Grün, ø 0,35 mm

Füllwatte

Wollnadel

Schere

Seitenschneider

Heißkleber

EDELROSE

Anchor Sticktwist in Rosa (Fb 27), 3 Strg, Rosé (Fb 24), 2 Strg und Dunkelgrün (Fb 229), 1 Strg

LAVENDEL

Anchor Sticktwist in Flieder (Fb 108), 1 Strg

Stieldraht in Grün, ø 0,8 mm

MARGERITEN

Anchor Sticktwist in Weiß (Fb 01), 3 Strg, Ginster (Fb 297), 2 Strg und Laubgrün dunkel (Fb 239), 1 Strg

GLOCKENBLUME

Anchor Sticktwist in Türkis hell (Fb 1090), 2 Strg

BLÄTTER

Anchor Sticktwist in Laubgrün dunkel (Fb 239), 4 Strg

TIPP Für eine passende Haarspange einfach eine einzelne Margeritenblüte und zwei grüne Blätter aus Catania mit Heißkleber auf einem Haarspangen-Rohling befestigen. Schon haben Sie ein tolles Accessoire, das schnell hergestellt ist.

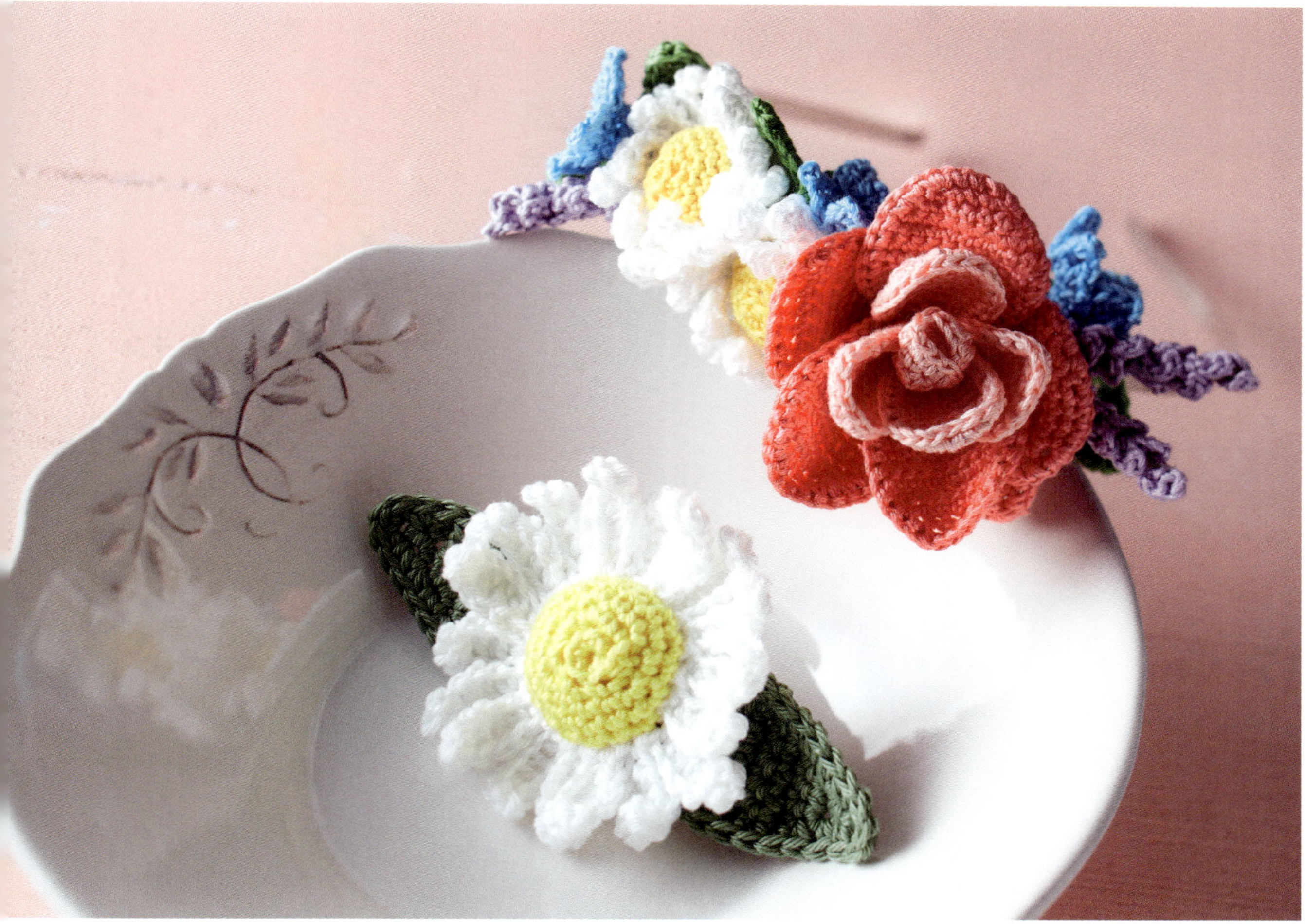

ANLEITUNG

Mit der Häkelnd 1,5 mm 1 Blatt in Dunkelgrün nach der Anleitung für das Blatt der Edelrose auf Seite 11 und 4 Blätter in Laubgrün dunkel nach der Anleitung für das Blatt der Margerite auf Seite 47 häkeln.

Für die Rosenblüte 5 kleine Blütenblätter in Rosé und 6 große Blütenblätter in Rosa nach der Anleitung für die Edelrose auf Seite 11 häkeln. Die 11 Blütenblätter wie in der Anleitung beschrieben zu einer Rose zusammenfügen. Das dunkelgrüne Blatt unten am Rand der Rose befestigen.

Als nächstes mit Häkelnd 1,5 mm 3x den Lavendel in Flieder nach der Anleitung auf Seite 43, 3x eine Glockenblumenblüte in Türkis hell nach der Anleitung auf Seite 25 und 2x eine Margerite in Weiß, Ginster und Laubgrün nach der Anleitung auf Seite 47 häkeln. Je 2 Blätter in Laubgrün dunkel unter den beiden Margeriten befestigen.

Fertigstellen

Alle fertig gehäkelten Blüten mit Heißkleber auf dem Haarreif befestigen, dabei am besten mit der Rose beginnen. Dann folgen rechts von der Rose die 2 Margeriten und links von der Rose über dem Blatt 1 Glockenblumenblüte. Eine weitere Glockenblumenblüte rechts von den Margeriten und die letzte Glockenblumenblüte nach außen zeigend zwischen der Rose und der ersten Margerite ankleben. Zuletzt 2 Lavendelstiele zwischen der Glockenblume und der Rose und einen Lavendelstiel unter der äußeren Margerite anbringen.

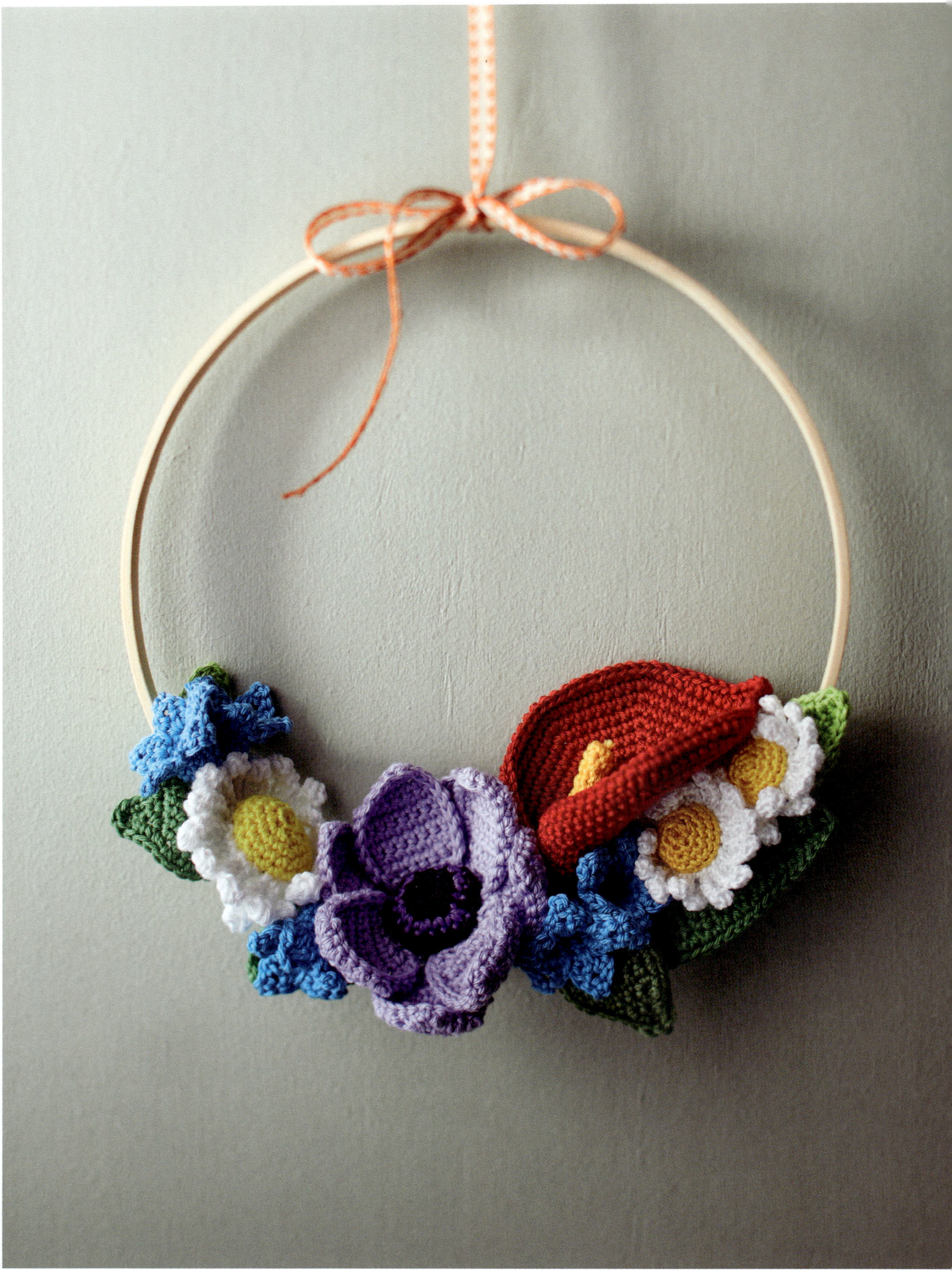

Deko-Ring

SCHWIERIGKEIT 3

GRÖSSE

ø ca. 23 cm (inkl. Blumen)

MATERIAL

Deko-Ring aus Holz, ø ca. 20 cm

Füllwatte

Heißkleber

GROSSE BLÜTEN

Häkelnadel 2,25 mm

ANEMONE

Schachenmayr Catania (LL 125 g/50 g) in Schwarz (Fb 110), Lavendel (Fb 422), Violett (Fb 113) und Khaki (Fb 212)

Blumenwickeldraht in Silber, ø 0,35 mm

CALLA

Schachenmayr Catania (LL 125 g/50 g) in Weinrot (Fb 192), Löwenzahn (Fb 280) und Moos (Fb 412), Reste

Blumenwickeldraht in Rot, ø 0,35 mm

MARGERITE

Schachenmayr Catania (LL 125 g/50 g) in Weiß (Fb 106), Löwenzahn (Fb 280), Greenery (Fb 418) und Khaki (Fb 212), Reste

KLEINE BLÜTEN

Häkelnadel 1,5 mm

MARGERITE

Anchor Sticktwist in Weiß (Fb 1), 2 Strg, Laubgrün dunkel (Fb 239) und Ginster (Fb 297), je 1 Strg

GLOCKENBLUME

Anchor Sticktwist in Türkis hell (Fb 1090), 3 Strg

ANLEITUNG

Zunächst die großen Blüten mit Häkelnd 2,25 mm häkeln wie folgt:

1 Calla in Weinrot und Löwenzahn und 1 Blatt in Moos nach der Anleitung von Seite 44 arb.

1 Margerite in Weiß und Löwenzahn und 4 Margeriten-Blätter in Khaki und 2 Margeriten-Blätter in Greenery nach der Anleitung von Seite 47 arb.

1 Anemone in Schwarz, Lavendel, Violett und Khaki nach der Anleitung von Seite 50 arb.

Dann die kleinen Blüten mit Häkelnd 1,5 mm häkeln wie folgt:

2 Margeriten in Weiß, Ginster und Laubgrün dunkel nach der Anleitung von Seite 47 arb.

5 Glockenblumenblüten in Türkis hell nach der Anleitung von Seite 25 arb.

Fertigstellen

Die einzelnen Blüten und Blätter mit Heißkleber auf der breiten inneren Fläche des Deko- Ringes befestigen. Am einfachsten ist es, mit der zentral platzierten Anemone in der unteren Mitte zu starten. Dann folgt links zunächst die große Margerite zusammen mit zwei Blättern in Khaki und einem Blatt in Greenery, dabei die grünen Blätter der Margerite zuerst auf dem Deko-Reifen ankleben. Dann noch eine Glockenblumenblüte in die Lücke zwischen Anemone und Margerite und zwei Glockenblumenblüten als Abschluss an den äußeren linken Rand kleben.

Auf der rechten Seite der Anemone folgt nun die Calla mit ihrem großen Blatt in Moos. Bei der Blüte der Calla nur den unteren Teil festkleben, sodass die eigentliche Blüte noch beweglich bleibt. Auf dem Calla-Blatt zwei weitere der großen Margeritenblätter in Khaki platzieren, sodass eines nach vorne und eines nach hinten schaut. Als nächstes folgen zwei Glockenblumenblüten, die so nah wie möglich an die Anemone und unter den beweglichen Teil der Calla-Blüte geklebt werden. Abschließen noch die zwei kleinen Margeriten-Blüten und ein Margeritenblatt in Greenery befestigen.

GRUND-ANLEITUNG

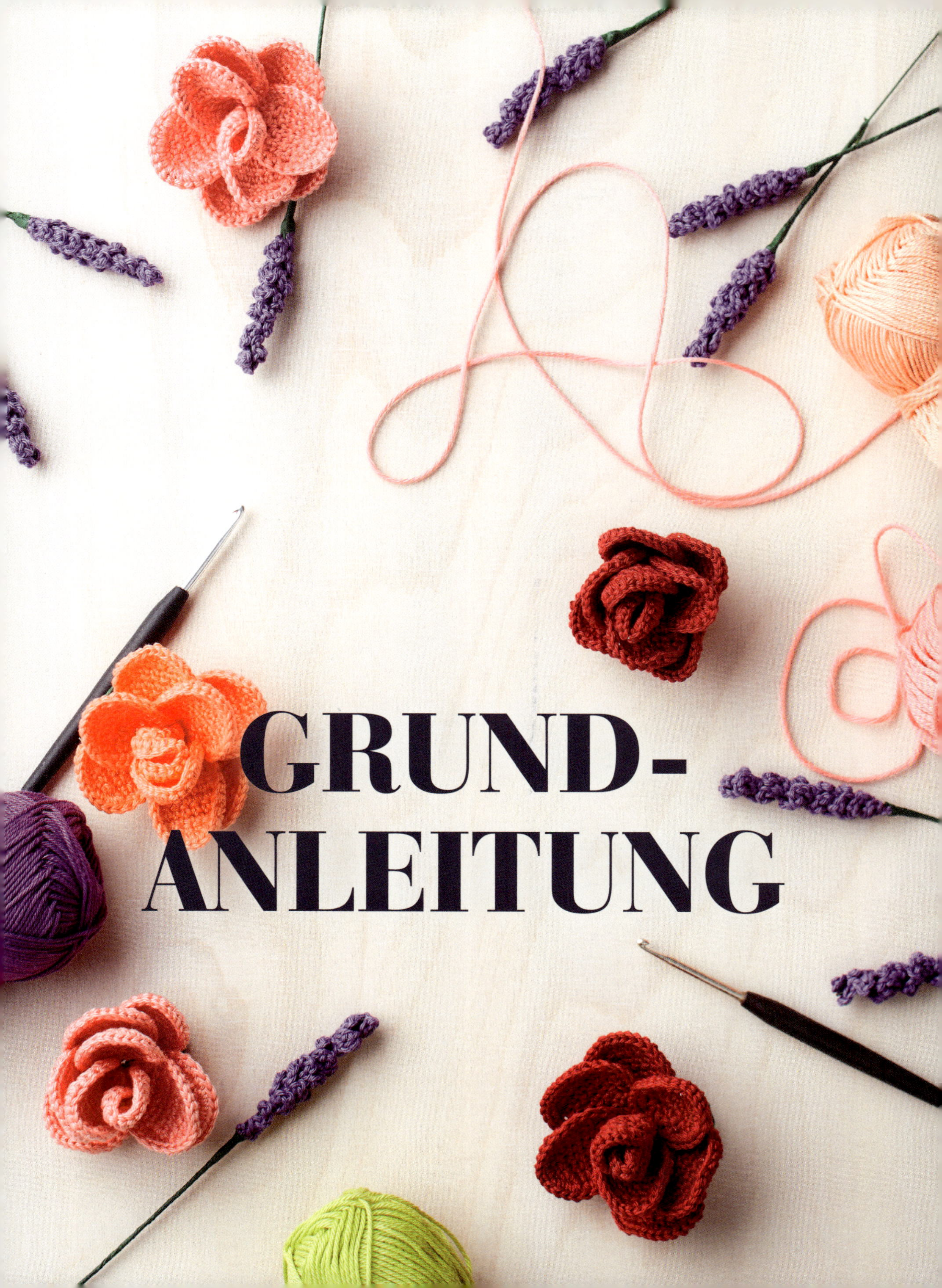

Feste Masche (fM)

1 Für eine feste Masche einstechen und mit einem Umschlag den Faden durchholen. Die so entstandene Schlinge auf die Höhe der Arbeitsschlinge ziehen. Es liegen 2 Schlingen auf der Nadel.

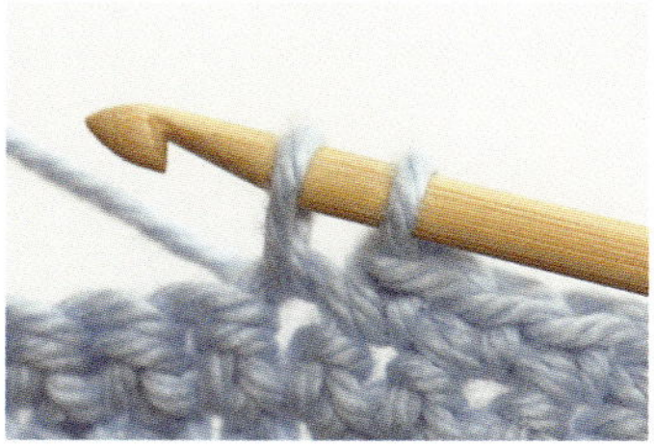

2 Mit einem weiteren Umschlag den Faden durch beide Schlingen ziehen. Die feste Masche hat einen kleinen V-förmigen Maschenkörper.

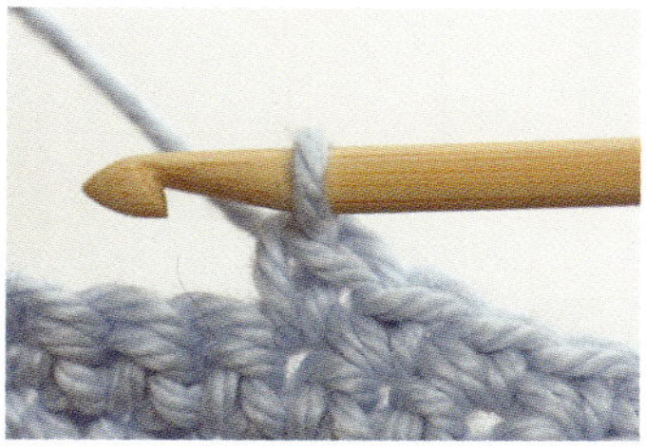

Halbes Stäbchen (hStb)

1 Vor dem Einstechen einen Umschlag auf die Nadel legen.

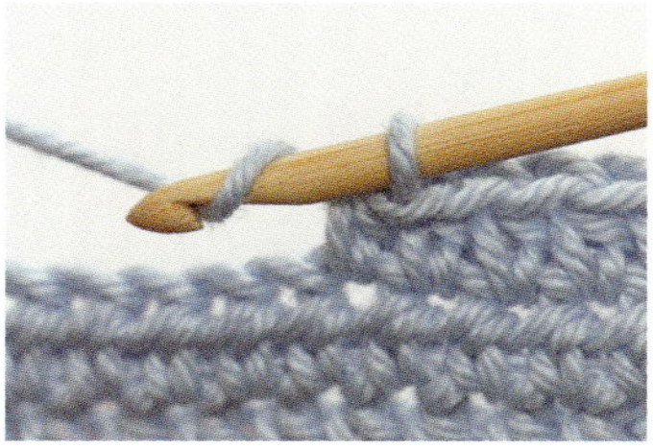

2 Danach einstechen und mit einem Umschlag den Faden durchholen. Es liegen 3 Schlingen auf der Nadel.

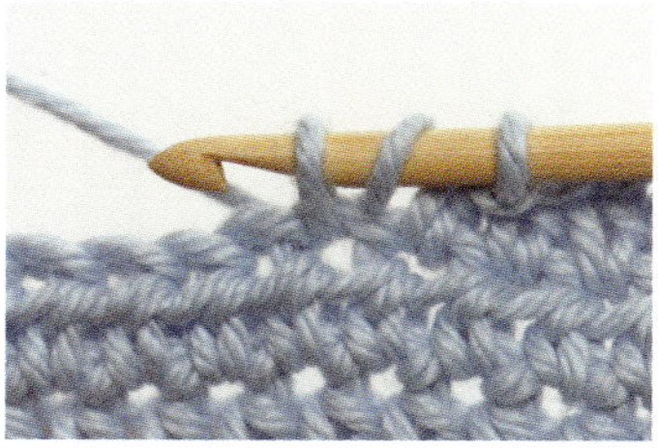

3 Mit einem weiteren Umschlag den Faden holen und gleichzeitig durch alle 3 Schlingen auf der Nadel ziehen.

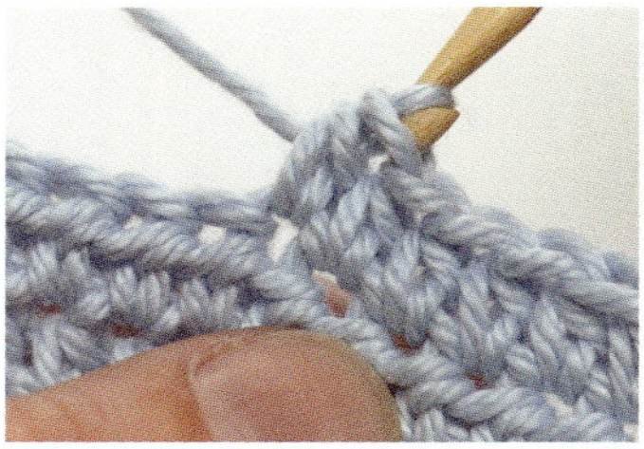

4 Das halbe Stäbchen erkennt man am leicht länglichen Maschenkörper mit einer kurzen, schräg liegenden Schlinge.

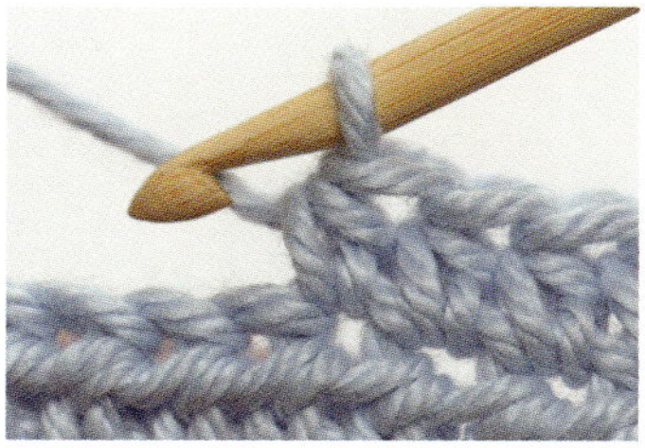

Stäbchen (Stb)

1 Vor dem Einstechen einen Umschlag auf die Nadel legen.

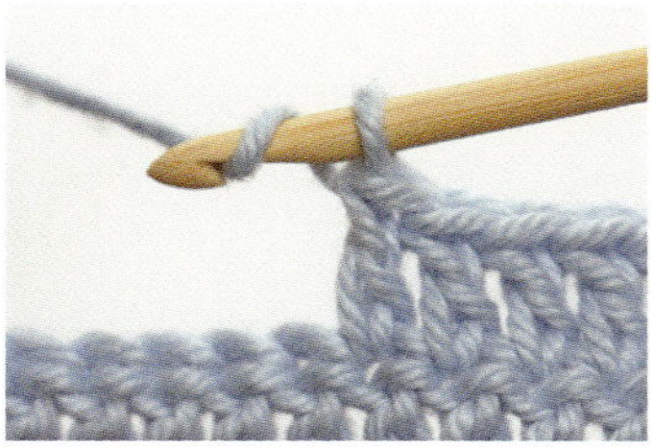

2 Danach einstechen und mit einem Umschlag den Faden durchholen. Es liegen 3 Schlingen auf der Nadel.

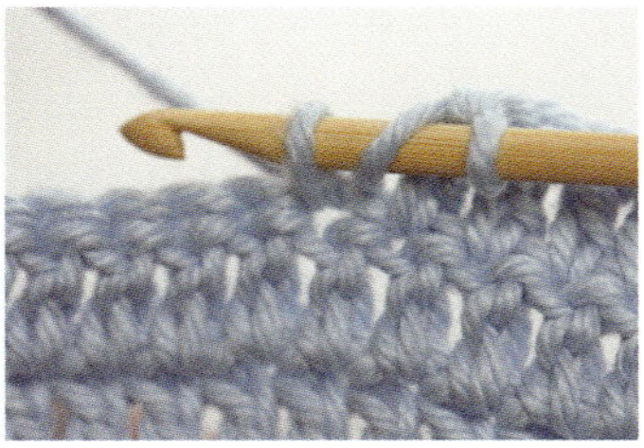

3 Mit einem weiteren Umschlag den Faden holen und durch die ersten 2 Schlingen auf der Nadel ziehen.

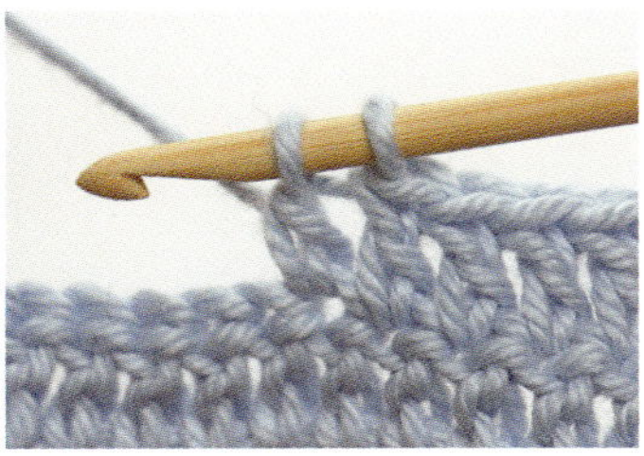

4 Nun mit einem neuen Umschlag den Faden holen und durch die übrigen 2 Schlingen auf der Nadel ziehen.

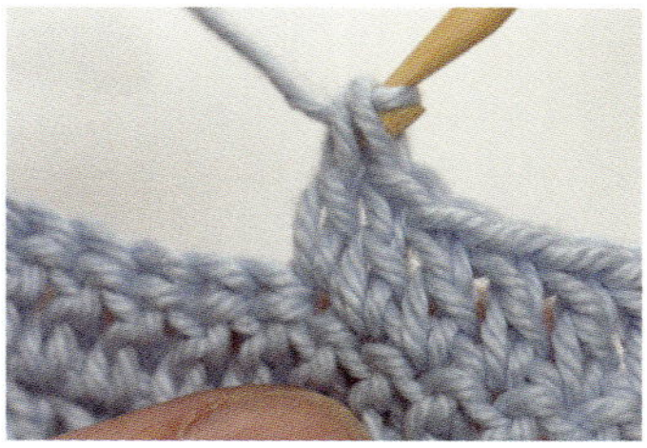

5 Das einfache Stäbchen erkennt man am länglichen Maschenkörper mit einer schräg liegenden Schlinge in der Mitte.

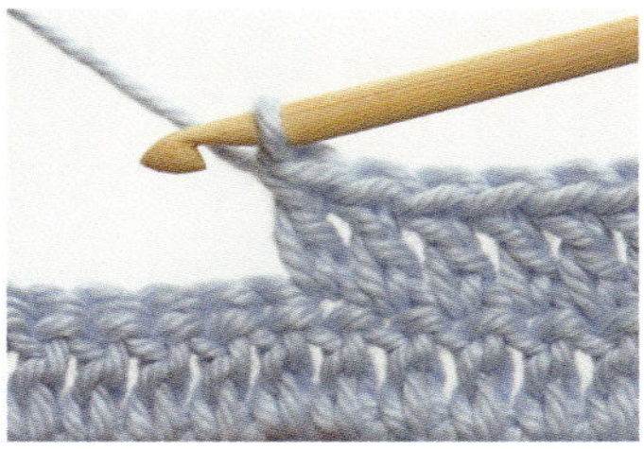

Doppelstäbchen (DStb)

1 Vor dem Einstechen 2 Umschläge auf die Nadel legen.

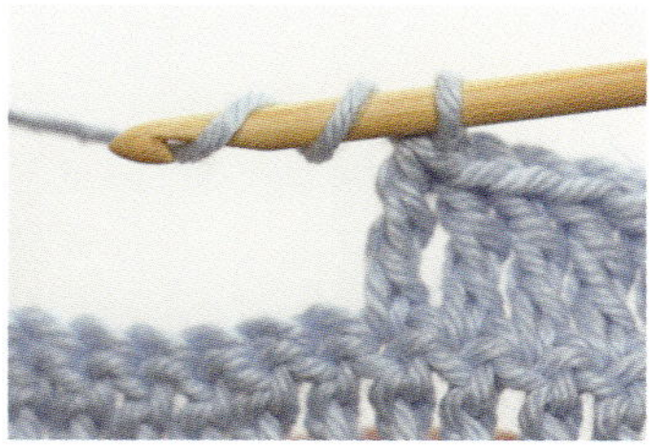

2 Danach einstechen und mit einem Umschlag den Faden durchholen. Es liegen 4 Schlingen auf der Nadel.

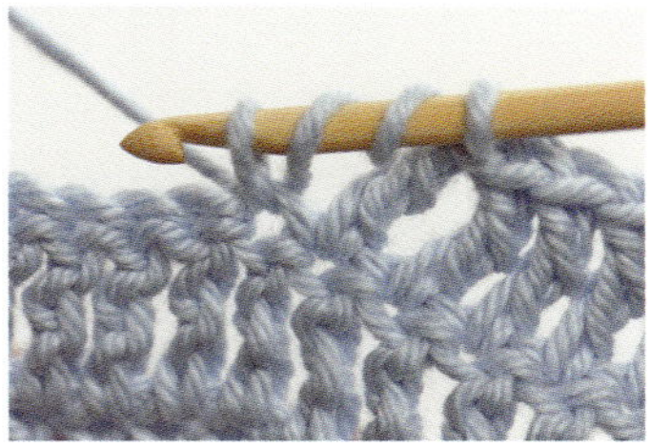

3 Mit einem weiteren Umschlag den Faden holen und durch die ersten 2 Schlingen auf der Nadel ziehen. Es liegen nun noch 3 Schlingen auf der Nadel.

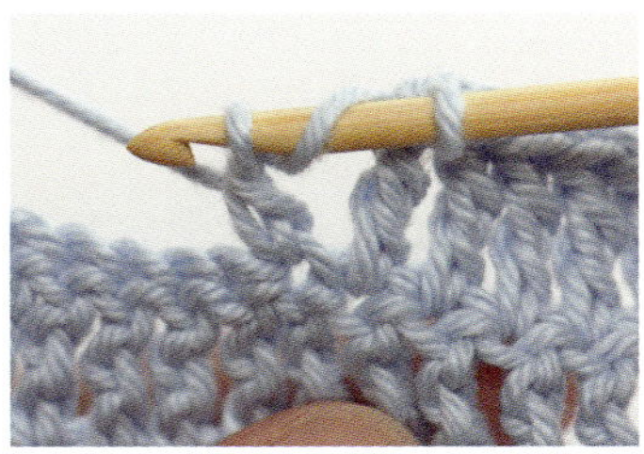

4 Mit einem weiteren Umschlag den Faden holen und erneut durch die ersten 2 Schlingen auf der Nadel ziehen. Es liegen nun noch 2 Schlingen auf der Nadel.

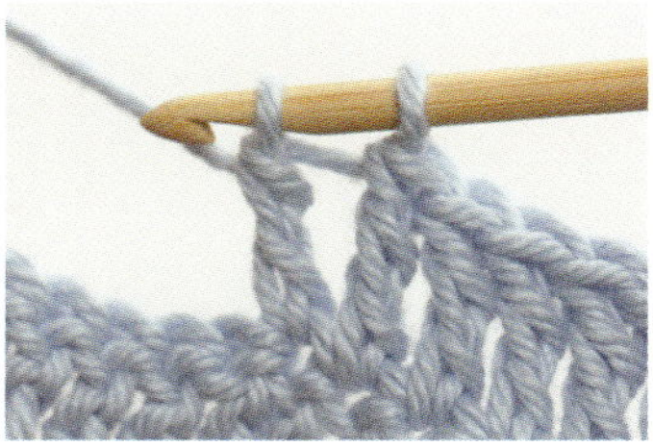

5 Nun mit einem neuen Umschlag den Faden holen und durch die übrigen 2 Schlingen auf der Nadel ziehen.

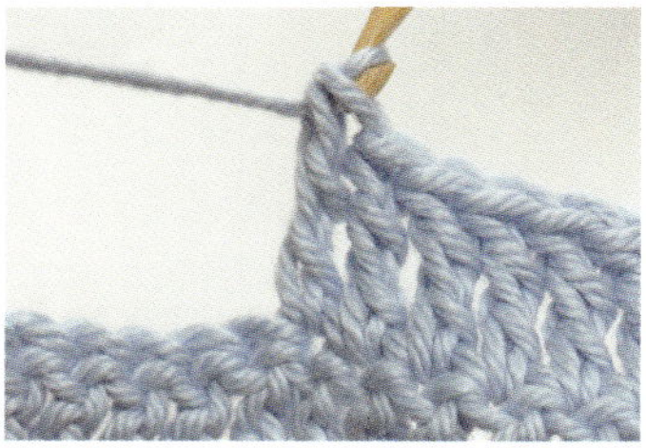

6 Das Doppelstäbchen erkennt man am langen Maschenkörper mit 2 schräg liegenden Schlingen, die übereinander liegen.

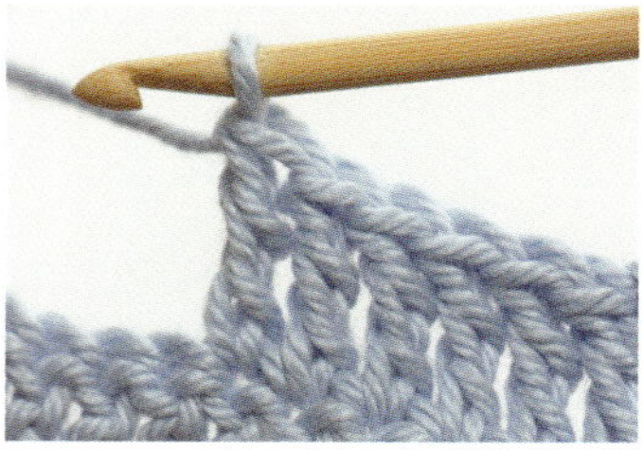

Feste Maschen zusammen abmaschen

1 Sollen 2 feste Maschen zusammen abgemascht werden, für die 1. feste Masche einstechen und den Faden durchholen. Für die 2. feste Masche in die nächste Masche einstechen und den Faden durchholen. Es liegen 3 Schlingen auf der Nadel.

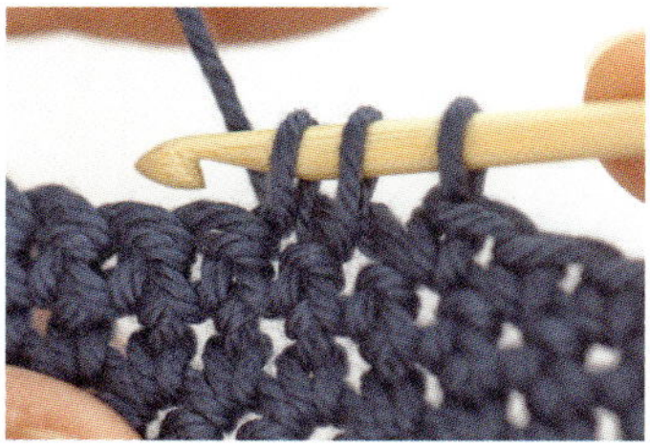

2 Den Faden noch einmal holen und durch alle 3 Schlingen ziehen. Die Maschen sind zusammen abgemascht, die Maschenzahl verringert sich um 1 und es ergibt sich 1 gemeinsames Abmaschglied.

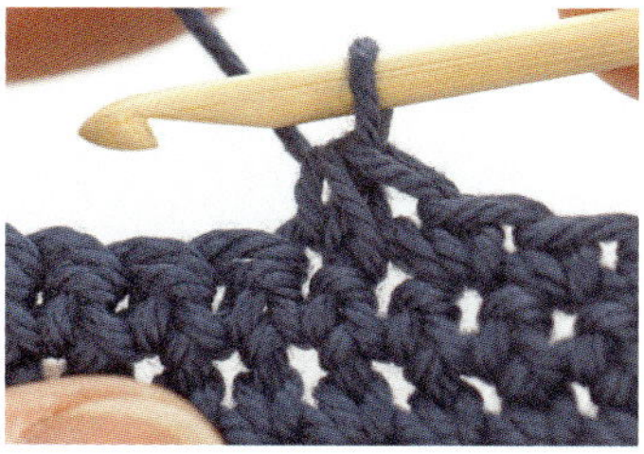

Feste Maschen verdoppeln

In die Einstichstelle der zuletzt gehäkelten festen Masche noch einmal 1 feste Masche häkeln. Die Masche ist verdoppelt, die Maschenzahl um 1 Masche erhöht.

Wendeluftmaschen (Wende-Lm)

Für alle Stäbchen am Beginn einer Reihe werden je nach Maschenart Wendeluftmaschen gehäkelt, um die Höhe der Stäbchen zu erreichen. Diese Luftmaschen werden zusätzlich gehäkelt oder ersetzen die 1. Masche einer Reihe. Für ein halbes Stäbchen werden 2 Luftmaschen und für ein Stäbchen 3 Luftmaschen benötigt.

Picot

* Die gewünschte Zahl fM bis zur Stelle für den 1. Picot arb. Dann 3 Lm und 1 Km in die 1. dieser 3 Lm häkeln, dabei unter den äußeren 2 M-Gliedern der Lm einstechen. Ab * fortlaufend wdh.

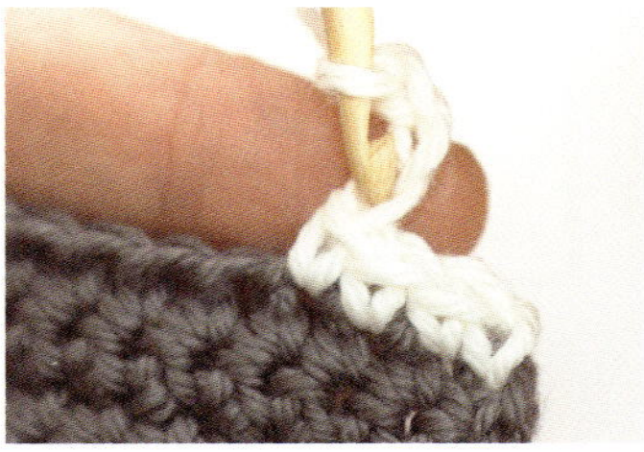

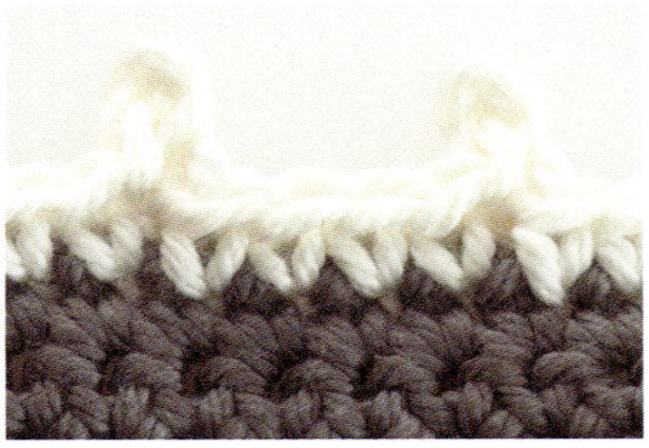

Runde schließen

Bei Runden aus festen Maschen ist die 1. Masche die 1. feste Masche, die Steigeluftmasche am Anfang zählt nicht als Masche. Wenn in der Anleitung nicht anders angegeben, sticht man unter den beiden oberen Maschengliedern ein.

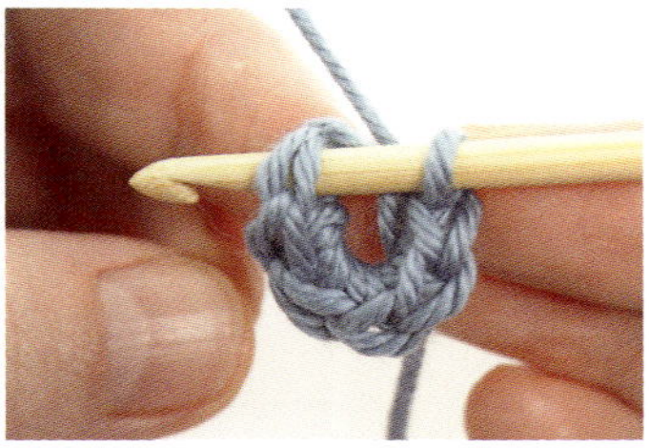

Bei höheren Maschen wird die Kettmasche in die oberste Steigeluftmasche gehäkelt. Es ist am bequemsten, in das hintere Maschenglied und die Querrippe einzustechen, sodass die Vorderseite der Luftmaschen sichtbar bleibt.

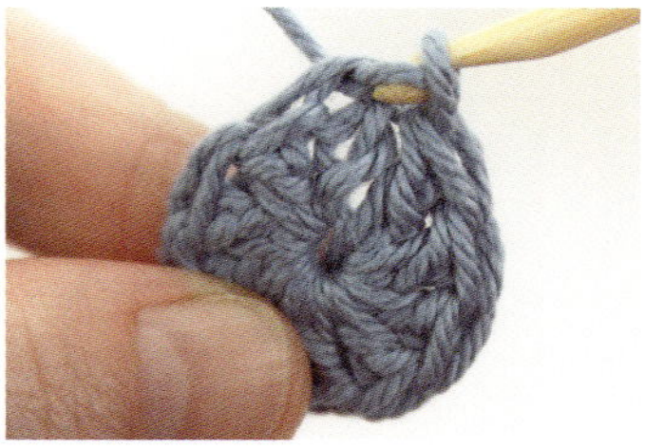

Es kann auch unter den beiden Maschengliedern eingestochen werden, die das V bilden, um ein ähnliches Bild wie bei den anderen Maschen zu erzielen.

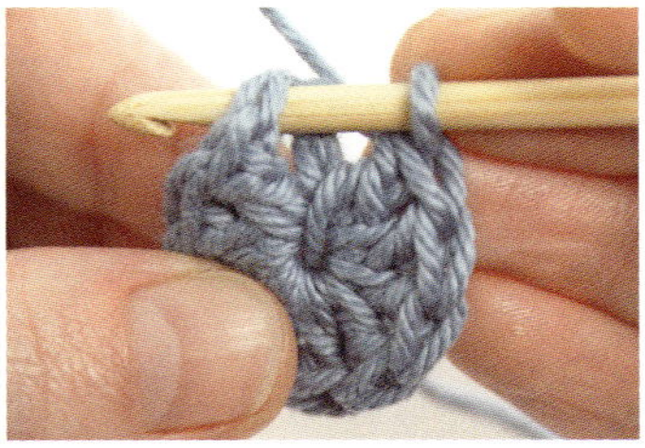

Abkürzungen

anschl = anschlagen
arb = arbeiten
DStb = Doppelstäbchen
Fb = Farbe(n)
fM = feste Masche(n)
hStb = halbe(s) Stäbchen
Häkelnd = Häkelnadel
Km = Kettmasche(n)
LL = Lauflänge
Lm = Luftmasche(n)
M = Masche(n)
R = Reihe(n)
Rd = Runde(n)
Stb = Stäbchen
Strg = Strängchen
wdh = wiederholen

BUCHEMPFEHLUNGEN FÜR SIE

Noch mehr kreative Bücher zum gleichen Thema gesucht?

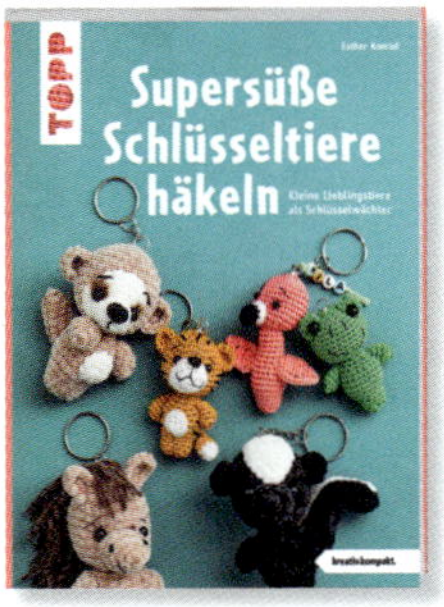

ISBN 978-3-7358-7050-6

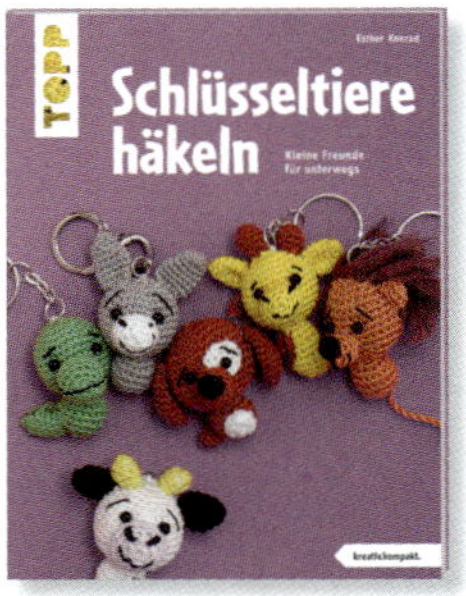

ISBN 978-3-7724-6992-3

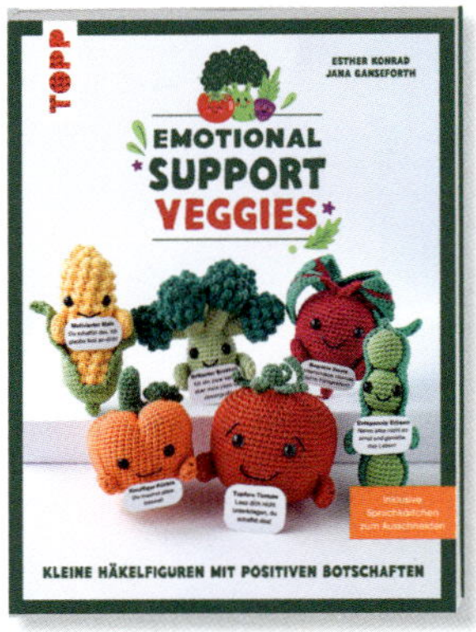

ISBN 978-3-7358-7178-7

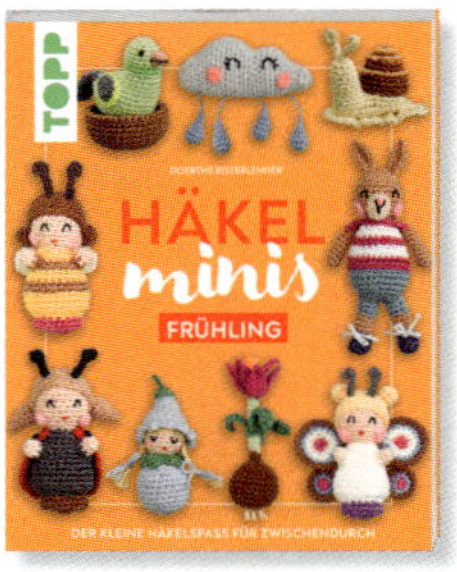

ISBN 978-3-7358-7113-8

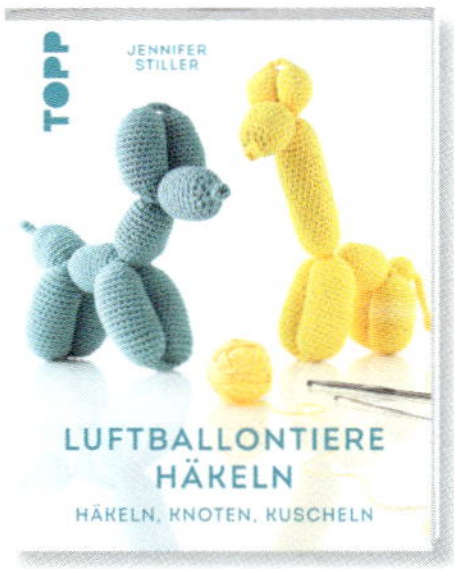

ISBN 978-3-7358-7103-9

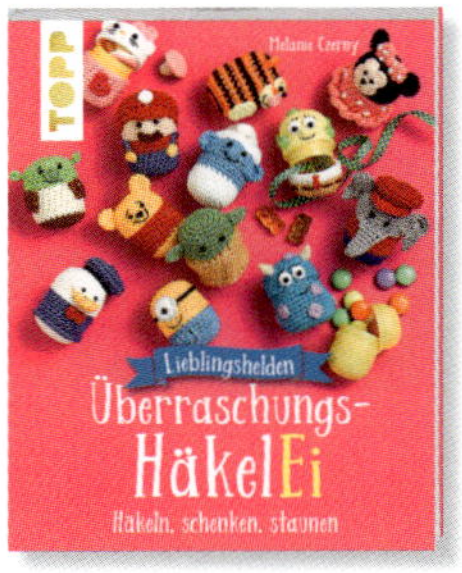

ISBN 978-3-7358-7110-7

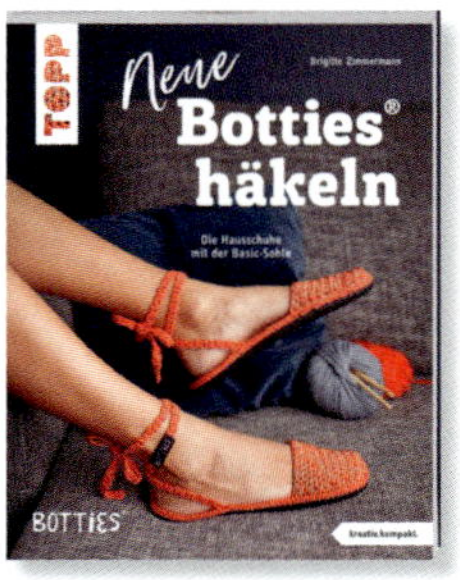

ISBN 978-3-7358-7059-9

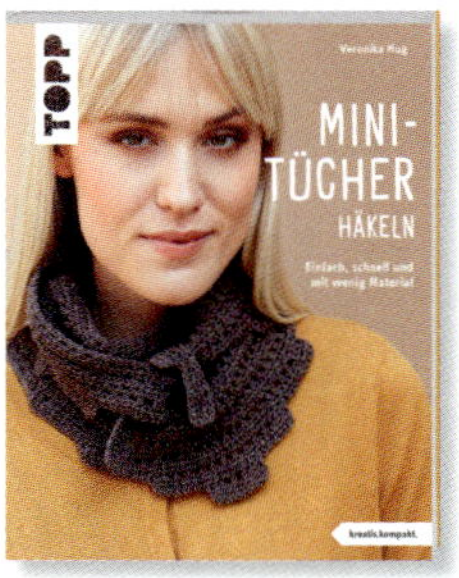

ISBN 978-3-7358-7102-2

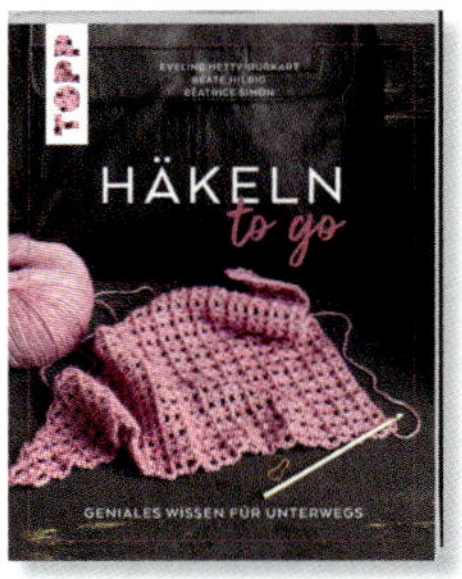

ISBN 978-3-7358-7112-1

#TOPPprojekt

Die eigene Kreativität zeigen: TOPPprojekt mit anderen Kreativen teilen und Teil der Gemeinschaft werden.

DIY-begeistert und auf Instagram? Dann unbedingt mitmachen! Hier gibt's Tipps und Feedback zu den eigenen Projekten. Außerdem verlosen wir jeden Monat ein Überraschungspaket. Um am Gewinnspiel teilzunehmen, einfach ein Bild vom Kreativ-Projekt aus unseren Büchern mit #TOPPprojekt posten und unserem Account @frechverlag folgen. Mehr Infos auf TOPP-kreativ.de/TOPPprojekt

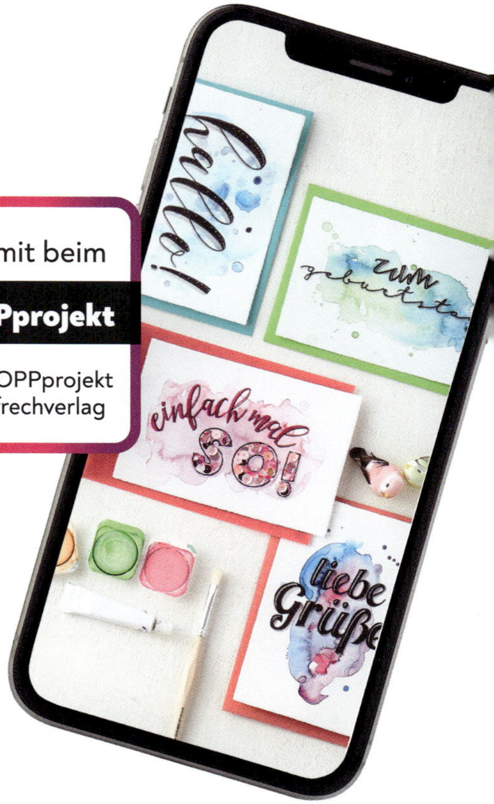

Mach mit beim

#TOPPprojekt

#TOPPprojekt
@frechverlag

Webseite

Auf TOPP-kreativ.de gibt es ein riesiges Angebot von über 1.000 Kreativbüchern, Sets und mehr zu entdecken.

Newsletter

Immer als Erstes von unseren Neuheiten und Sonderaktionen erfahren: TOPP-kreativ.de/newsletter

Instagram

@frechverlag

Pinterest

pinterest.com/frechverlag

Facebook

facebook.com/frechverlag

DigiBib

Hier gibt es zusätzlich zu einigen unserer Bücher digitale Extras, wie Video-Tutorials, Plotter-Dateien, Vorlagen, Übungsblätter und vieles mehr. Einfach im Impressum eines TOPP-Buchs nachschauen, ob dort ein Code vorhanden ist, und exklusive Inhalte freischalten.
TOPP-kreativ.de/digibib

Youtube

youtube.com/frechverlag

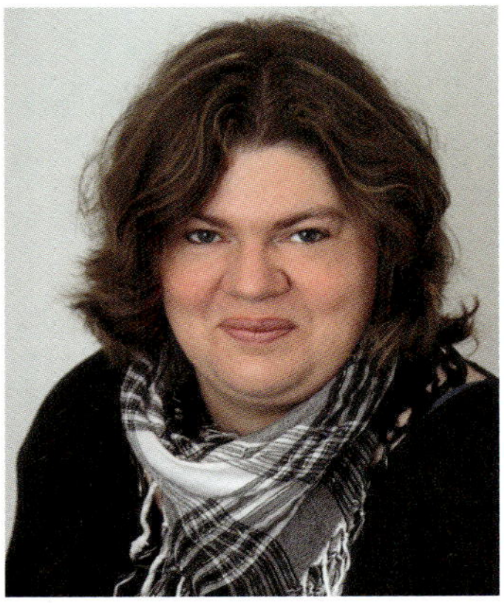

Über die Autorin

Esther Konrad, Jahrgang 1974, tobt sich gerne kreativ aus und ist dabei dem Häkeln verfallen. Vor allem gehäkelte „Kleinigkeiten" haben es ihr angetan, wobei sie sich gerne von der Natur und ihren Haustieren inspirieren lässt. Sie lebt mit ihrer Familie und ihren Haustieren in der Nähe von Karlsruhe.

DANKE!

Wir danken den Firmen MEZ GmbH (www.schachenmayr.de) für die Unterstützung bei diesem Buch.

IMPRESSUM

Fotos: frechverlag GmbH, 70839 Gerlingen; lichtpunkt, Michael Ruder, Stuttgart

Produktmanagement: Mareike Upheber, Lisa Braunert

Lektorat: Arnhilt Tittes, Rheinfelden

Cover: Eva Hook

Satz: Petra Theilfarth

Druck: DZS-Grafik, Slowenien

6. Auflage 2026

ISBN 978-3-7358-7097-1 · Best.-Nr. 27097